5.-6. Schuljahr

Dipl. Biol. Stefan Lamm

Kreuzworträtsel
BIOLOGIE

5/6

34 Kreuzworträtsel zur Prüfung und Festigung des Allgemeinwissens

KOHL VERLAG
Lernen mit Erfolg
www.kohlverlag.de

Nutzen Sie unseren bequemen Onlineshop!

- Ausführliche Informationen
- Aussagekräftige Leseproben
- Schnäppchen & besondere Angebote

www.kohlverlag.de

Kreuzworträtsel BIOLOGIE / Klasse 5-6

34 Kreuzworträtsel zur Prüfung & Festigung des Allgemeinwissens

1. Auflage 2016

© Kohl-Verlag, Kerpen 2016
Alle Rechte vorbehalten.

Inhalt: Dipl.-Biologe Stefan Lamm
Coverbild: © Vitaly Krivosheev - fotolia.com
Grafik & Satz: Eva-Maria Noack / Kohl-Verlag
Druck: Druckhaus DOC GmbH, Kerpen

Bestell-Nr. 11 906

ISBN: 978-3-96040-033-2

Das Werk und seine Teile sind urheberrechtlich geschützt. Jede Nutzung in anderen als den gesetzlich zugelassenen Fällen bedarf der vorherigen schriftlichen Einwilligung des Verlages. Hinweis zu § 52a UrhG: Weder das Werk noch seine Teile dürfen ohne eine solche Einwilligung eingescannt und in ein Netzwerk eingestellt werden. Dies gilt auch für Intranets von Schulen und sonstigen Bildungseinrichtungen.

Inhalt

Vorwort 4

Kapitel I	**Biologie – Die Lehre des Lebens**.............................	5 - 6
	Was macht ein Biologe?	
	Bedeutende Biologen der Geschichte	
Kapitel II	**Haustiere**..	7 - 8
	Die Haustiere des Menschen	
	Hunderassen	
Kapitel III	**Nutztiere**..	9
Kapitel IV	**Säugetiere**...	10 - 11
	Was zeichnet uns aus?	
	Welches Tier bin ich?	
Kapitel V	**Vögel**...	12 - 13
	Was zeichnet uns aus?	
	Welches Tier bin ich?	
Kapitel VI	**Reptilien**..	14 - 15
	Was zeichnet uns aus?	
	Welches Tier bin ich?	
Kapitel VII	**Amphibien**...	16 - 17
	Was zeichnet uns aus?	
	Welches Tier bin ich?	
Kapitel VIII	**Fische**..	18 - 19
	Was zeichnet uns aus?	
	Welches Tier bin ich?	
Kapitel IX	**Systematik der Wirbeltiere**.....................................	20
Kapitel X	**Biologische Prinzipien**..	21
Kapitel XI	**Insekten**...	22 - 23
	Bauplan	
	Was zeichnet uns aus?	
Kapitel XII	**Spinnen**...	24 - 25
	Bauplan	
	Was zeichnet uns aus?	
Kapitel XIII	**Weichtiere**...	26 - 27
	Bauplan	
	Was zeichnet uns aus?	
Kapitel XIV	**Bau der Blütenpflanzen**...	28 - 29
Kapitel XV	**Entwicklung bei Blütenpflanzen**.............................	30 - 31
Kapitel XVI	**Moose, Farne, Algen und Flechten**.......................	32
Kapitel XVII	**Pilze**..	33
Kapitel XVIII	**Lebewesen im Jahreslauf**.....................................	34
Kapitel XIX	**Die Ordnung der Pflanzen**.....................................	35
Kapitel XX	**Die Bedeutung der Pflanzen für den Menschen**....	36
Kapitel XXI	**Fortpflanzung und Entwicklung des Menschen**.....	37 - 38

Die Lösungen .... 39 - 47

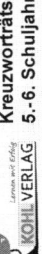

Vorwort

Liebe Kolleginnen und Kollegen,

Sie halten eine Sammlung aus Kreuzworträtseln für den Einsatz in den Klassenstufen 5 und 6 in den Händen. Diese Rätsel dienen dem Vertiefen bereits gelernter Einheiten, können aber ebenso gut als Einstieg in ein neues Thema verstanden werden. Auch ist es denkbar, einzelne Rätsel für Klassenarbeiten einzusetzen. Gerade auch der fachfremd Unterrichtende oder Lehrer in Vertretungsstunden finden durch die Rätsel in diesem Buch viele sinnvolle Aufgaben für ihre Schüler/innen.

„Schüler lieben Kreuzworträtsel"!
Unter dieser Prämisse habe ich ansprechende Rätsel erarbeitet, mit deren Hilfe die Schüler/innen den Lehrstoff verinnerlichen können. Aber auch das biologische Allgemeinwissen möchte ich damit ansprechen und schulen. In jedem Rätsel wird ein Lösungswort gesucht, dessen Bedeutung oder Besonderheit in einem Infokasten erläutert wird. Diese Zusatzinfos haben nicht zwingend etwas mit dem Unterricht zu tun, sie sollen vielmehr Schüler motivieren, das Rätsel zu lösen, um ihr Allgemeinwissen zu vergrößern. Dabei werden zum Teil biologische Kuriositäten aus dem Tier- oder Pflanzenreich vorgestellt, die mit viel Glück eine Begeisterung für das wunderschöne Fach „Biologie" wecken können. Immerhin ist die Biologie die „Lehre des Lebens" – und was ist spannender als das Leben?
In diesem Sinne wünsche ich Ihnen und Ihren Schülern, auch im Namen des gesamten Teams des Kohl-Verlags, viel Freude und Begeisterung bei dem Einsatz dieser Kreuzworträtselsammlung.

Stefan Lamm

Danksagung

An dieser Stelle möchte ich mich bei meinem ehemaligen Lehrer des Biologie-Leistungskurses, Herrn **Martin Oehler**, bedanken, der mich nicht nur sicher durch das Biologie-Abitur gebracht hat, sondern mir auch meinen späteren Berufsweg geebnet hat. Seine Begeisterung für die Biologie hat mich derart mitgerissen, dass ich mich zum Studium der Biologie entschlossen hatte. Aus der gemeinsamen Begeisterung für alles Biologische hat sich eine faszinierende Freundschaft entwickelt. Herr Oehler war mir auch eine große Hilfe bei der Einteilung der Themen zu diesem Buch.

Vielen Dank, Martin.

Ebenfalls erhältlich:

Best.-Nr. 11 907

Best.-Nr. 11 908

ID# Biologie – die Lehre des Lebens: 1. *Was macht ein Biologe?*

a. In den Naturwissenschaften ist das ... eine methodisch angelegte Untersuchung zur Gewinnung von wichtigen Informationen.
b. Die Ergebnisse einer Versuchsdurchführung werden im ... festgehalten.
c. Diese biologische Disziplin befasst sich mit der Welt der Pflanzen: ...
d. Die Mikrobiologie beschäftigt sich mit Viren und ... .
e. Um möglichst kleine Strukturen erkennen zu können, benutzt man spezielle Linsenapparate zur Vergrößerung. Wie heißt dieses Arbeitsgerät? ...
f. Diese biologische Disziplin befasst sich mit der Welt der Tiere: ...
g. Neben dem Schreibtisch ist das ... der Hauptarbeitsplatz des Biologen.
h. Der griechische Begriff „bios" in Biologie bedeutet übersetzt? ...
i. Ein Biologe, der im Freien seinen Forschungen nachgeht, betreibt ... .
j. Das Anfertigen einer biologischen ... gehört zu jeder mikroskopischen Untersuchung.
k. Wer Biologie studieren möchte, kann dies hier tun: ...
l. Besondere Forschungsergebnisse werden alljährlich mit dem ... geehrt.

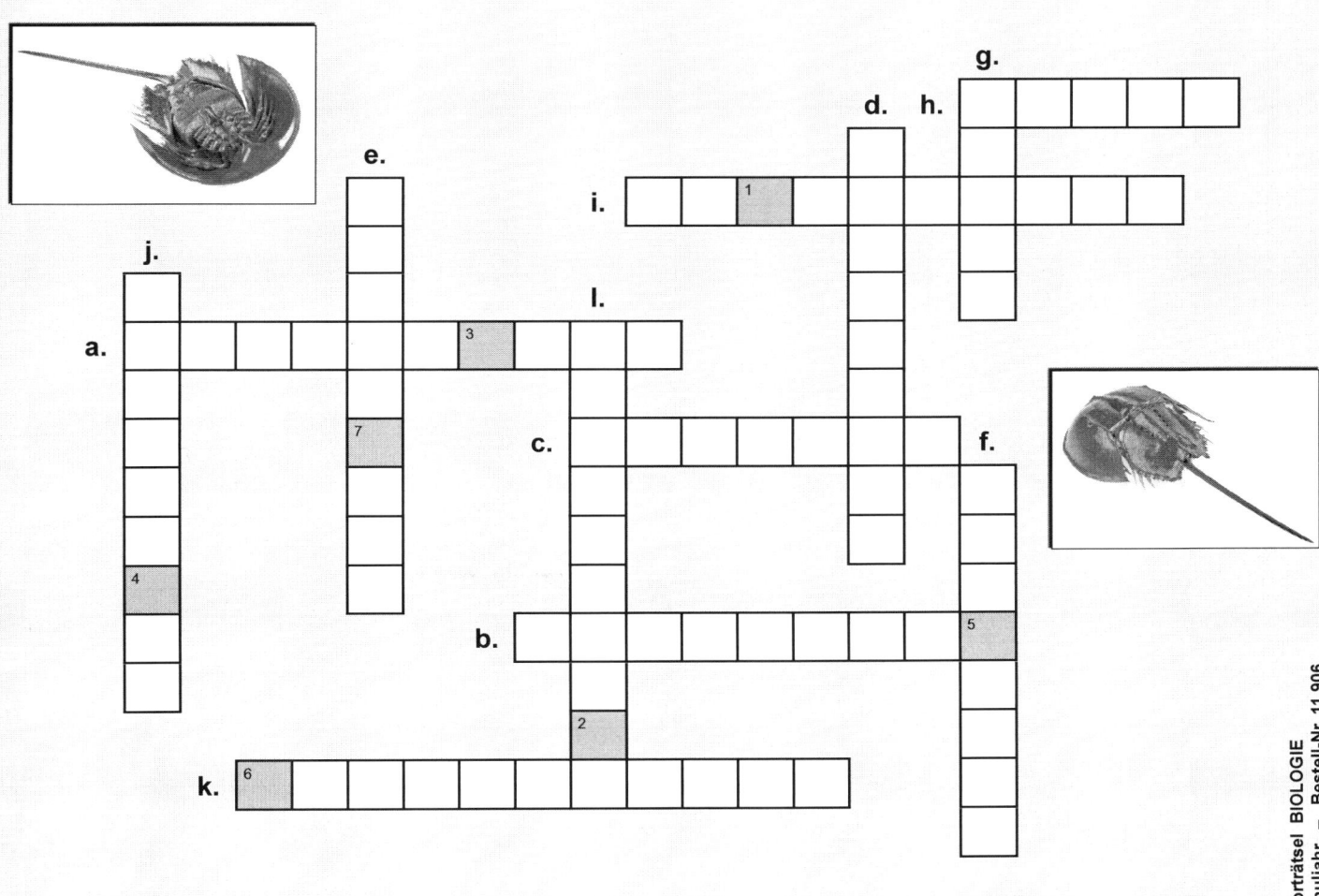

Der _ _ _ _ _ _ _ gilt als **lebendes Fossil**. Sein deutscher Name lautet **Pfeilschwanz-**
    1 2 3 4 5 6 7   **krebs** und es gibt diese Tiere in beinahe unveränderter Form seit dem Kambrium. Dieses Erdzeitalter liegt über 500 Millionen Jahre hinter unserer Zeit. Die Tiere leben bis heute an den flachen Sandküsten tropischer Meere in Tiefen zwischen 10 und 40 Metern. Pfeilschwanzkrebse werden bis zu 85 cm lang. Ihre Färbung reicht von dunkel-rotbraun bis schwarzbraun.

Seite 5

Biologie – die Lehre des Lebens: 2. Bedeutende Biologen der Geschichte

a. **Charles Darwin** (1809–1882) war ein britischer Naturforscher. Seine Ideen zur „Entstehung der Arten" führte zur Theorie der … .

b. Der britische Naturforscher **Alfred Russel Wallace** (1823–1913) erforschte die geographische Verteilung der Arten, insbesondere auf … .

c. Der Augustinermönch **Gregor Mendel** erkannte, dass sich bestimmte Eigenschaften seiner Erbsen von Jahr zu Jahr vererbten. Er gilt als „Vater der … ."

d. Die US-Amerikaner **James D. Watson** (geb. 1928) und **Francis Crick** (1916–2004) identifizierten im Jahr 1953 die DNA als Träger der … .

e. Der schottische Forscher **Alexander Fleming** (1881–1955) gilt als Entdecker des … , einer Substanz die als Antibiotika erhältlich ist.

f. **Joel Asaph Allen** (1838–1921) erkannte, dass die Körperanhänge (Ohren, Schwanz, Beine) bei Tieren in kalten Regionen … sind, als bei verwandten Arten in wärmeren Gebieten.

g. Der Niederländer **Antoni van Leeuwenhoek** (1632–1723) experimentierte mit einer Apparatur aus hintereinander gebauten optischen Linsen. Damit konnte er kleinste Dinge sichtbar machen. Wie heißt seine Erfindung?

h. **Jean-Baptiste de Lamarck** (1744–1829) gilt als Begründer der modernen Zoologie. Er beschäftigte sich mit Tieren, die keine Wirbelsäule haben. Wie nennt man diese Gruppe?

i. Die Tatsache, dass Pflanzen und Tiere mit je einem Gattungs- und Artnamen versehen sind, verdanken wir dem Schweden **Carl von Linné** (1707–1778). Diese binäre Nomenklatur ist die Grundlage der … .

j. **Konrad Lorenz** (1903–1989) gilt als Hauptvertreter der klassischen, vergleichenden Verhaltensforschung. Seine Versuchstiere waren … .

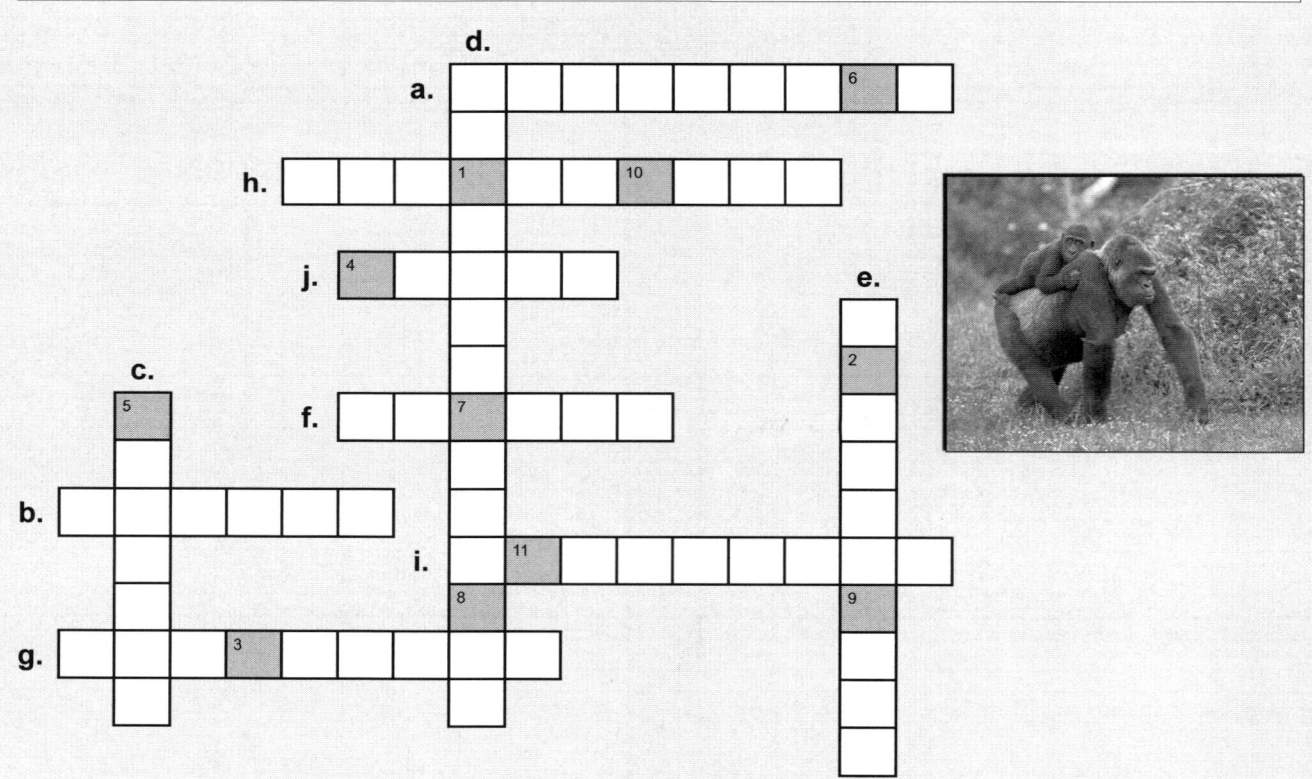

Dian Fossey (1932–1985) war eine US-amerikanische Zoologin und engagierte Tierschützerin. Sie widmete sich der Erforschung des Verhaltens und dem Schutz des _ _ _ _ _ _ _ _ _ _ _ in Ruanda. Ihr Einsatz gegen Wilderei war wohl die Ursache ihre Ermordung, allerdings sind die genauen Umstände ihres gewaltsamen Todes bis heute ungeklärt. Ihre Lebensgeschichte wurde in dem Film „Gorillas im Nebel" verfilmt.

II Haustiere: 1. *Die Haustiere des Menschen*

a. Bernhardiner, Dackel und Havaneser sind keine Arten, sondern … .

b. Die gezielte Auswahl einzelner Tiere einer Gruppe, die ihre besonderen Merkmale weitergeben sollen, nennt man … .

c. Bei der Zucht darf es aufgrund der ... keine Verpaarung von Geschwistertieren geben.

d. Den Vorgang, bei dem Wildtiere zu Haustieren werden, nennt man … .

e. Sie sind die ältesten Haustiere des Menschen. Man schätzt, dass … seit 125.000 Jahren (!) mit dem Menschen verbunden sind.

f. Diese Tiere wurden domestiziert, um ständig Kleidung herstellen zu können.

g. Es ist das häufigste Haustier des Menschen. Bei weltweit 12 Mrd. Exemplaren kommen auf jeden Menschen durchschnittlich drei … .

h. Vor etwa 8.000 Jahren wurden Großtiere domestiziert. Dazu zählen auch diese Nachfahren des Auerochsen.

i. Normalerweise sind Haustiere ohne den Menschen verloren. Das einzige Haustier, das auch ohne den Menschen überleben kann, ist die … .

j. In Japan gilt diese Karpfenart als beliebtes und teilweise sehr kostspieliges Haustier.

k. Haustiere werden zum Nutzen und … für den Menschen gezüchtet.

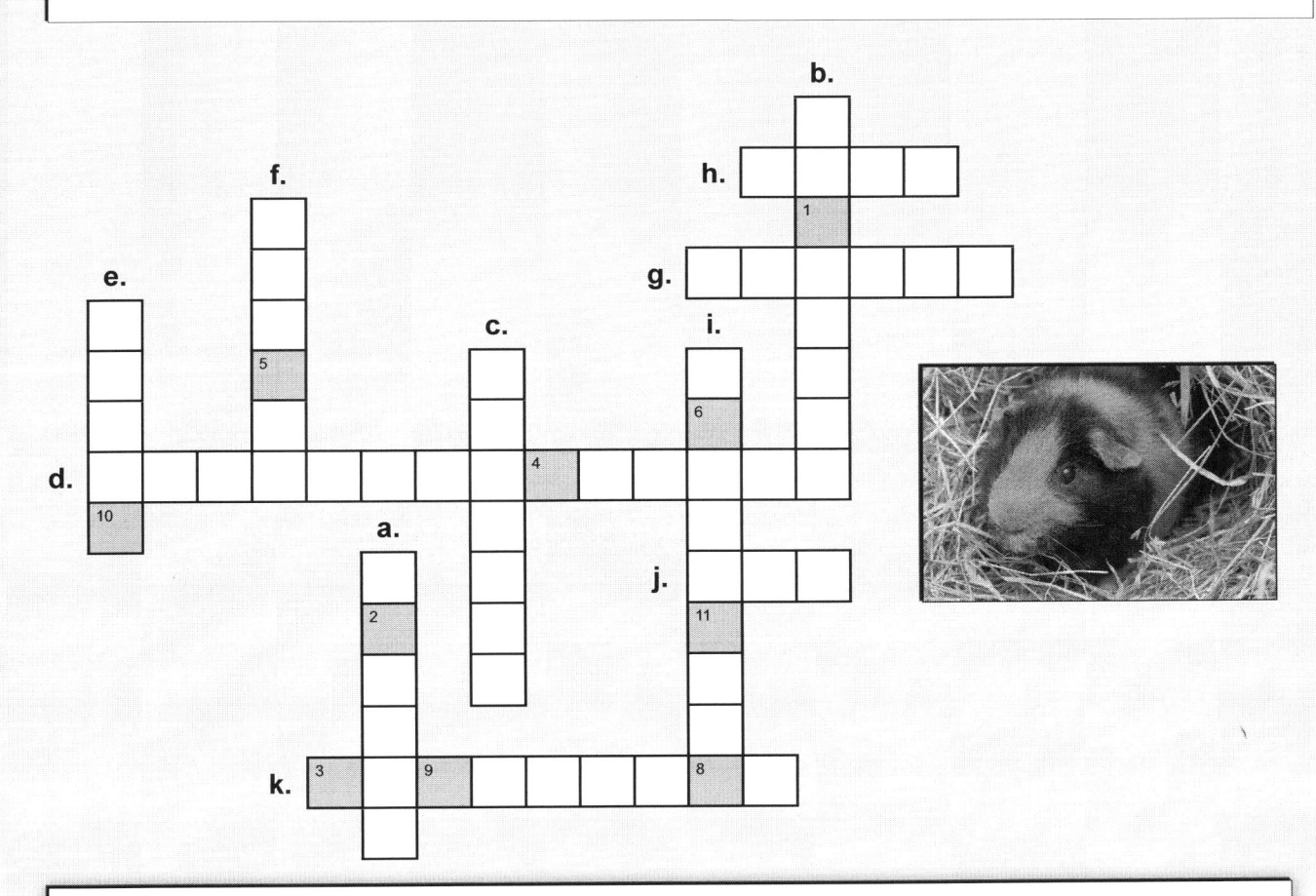

Manche Haustiere haben im Laufe der Zeit auch eine Nutzungsänderung erfahren.

_ _ _ _ _ P _ _ _ _ _
1 2 3 4 5 6 7 8 9 10 11

ist der lateinische Name des Meerschweinchens. Diese Tiere stammen ursprünglich aus Südamerika und wurden dort als Schlachttiere domestiziert und verzehrt. Spanische Eroberer nahmen diese Tiere auf ihren großen Segelschiffen mit nach Europa, wo sie aufgrund ihres niedlichen Aussehens und ihres zutraulichen Wesens als Haustiere für Kinder große Wertschätzung erfuhren. In Südamerika werden diese Tiere heute noch gegessen.

Haustiere: 2. *Hunderassen*

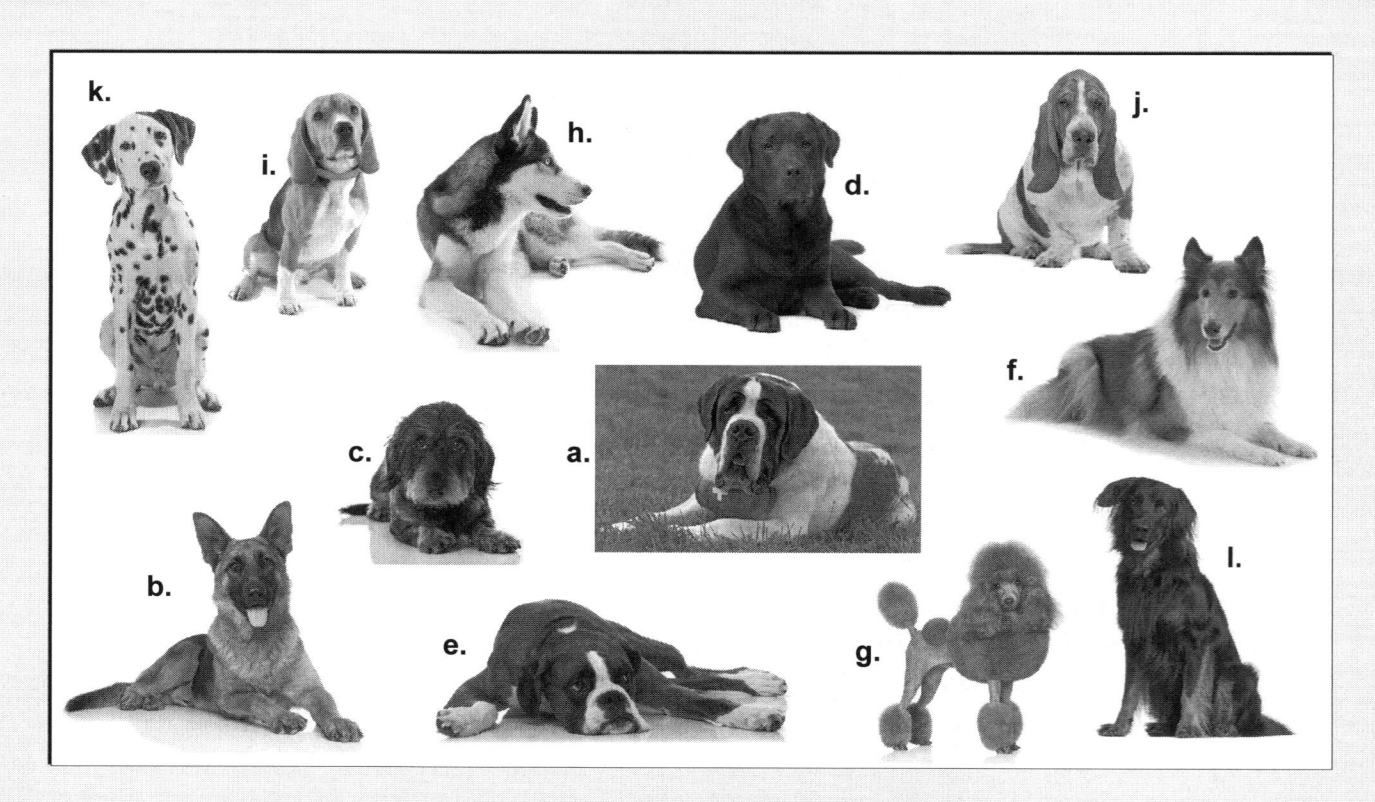

Für manche Menschen ist der Hund mehr als nur ein Haustier oder tierischer Freund.

_ _ _ _ _ _ _ _ _ N _ _
1 2 3 4 5 6 7 8 9 10 11 12

sind speziell ausgebildete Hunde, die sehbehinderten oder vollständig blinden Menschen dabei helfen, sich sowohl in der vertrauten Umgebung, als auch in fremder Umgebung gefahrlos bewegen zu können. Nur friedfertige, intelligente, wesensfeste, nervenstarke und gesunde Junghunde kommen für die langwierige Ausbildung in Frage.

Seite 8

III Nutztiere

a. Unsere heutigen Hochleistungsmilchkühe stammen ursprünglich von diesen Tieren ab.
b. Diese zweibeinigen Nutztiere hat der Mensch bereits sehr früh domestiziert.
c. Im arabischen und afrikanischen Raum sind die Kamele sehr weit verbreitete Nutztiere des Menschen. Zu welcher Säugetierordnung gehören sie?
d. In Südamerika erledigt dieses nahe verwandte Tier die Aufgaben der Kamele.
e. Das seit etwa 6.000 Jahren domestizierte … diente dem Menschen als Reit- und Arbeitstier.
f. Dieses sprichwörtlich „fleißige" Tier gilt als eines der wichtigsten Nutztiere überhaupt. Ohne ihre Sammeltätigkeit müssten wir auf Obst und Gemüse verzichten.
g. In Neuseeland leben mehr Wolleproduzenten als Menschen. Von welchem Nutztier ist die Rede?
h. In China wird seit Tausenden von Jahren die Raupe dieses Schmetterlings als gewinnbringender Lieferant für die Textilbranche gezüchtet.
i. Von der ursprünglichen, borstigen Behaarung ist bei der domestizierten Form nicht mehr viel übrig geblieben. Sie gelten für Nichtmuslime als rosafarbene Glücksbringer.
j. Viele Enten und Gänse wurden nicht nur wegen ihrer Eier gezüchtet. Vielmehr hat man es auf diese wärmenden Körperanhänge abgesehen.
k. Für uns Europäer gilt dieses kleine Tierchen als Haustier, in Südamerika wird es als Fleischlieferant gezüchtet.
l. Auch dieser Riesenvogel gewinnt als Fleischlieferant an Bedeutung. Mittlerweile lebt er nicht mehr nur in Afrika, sondern auch auf speziellen Farmen in Europa.
m. Diesen „Pferden für Arme" wird ein störrisches Wesen nachgesagt.

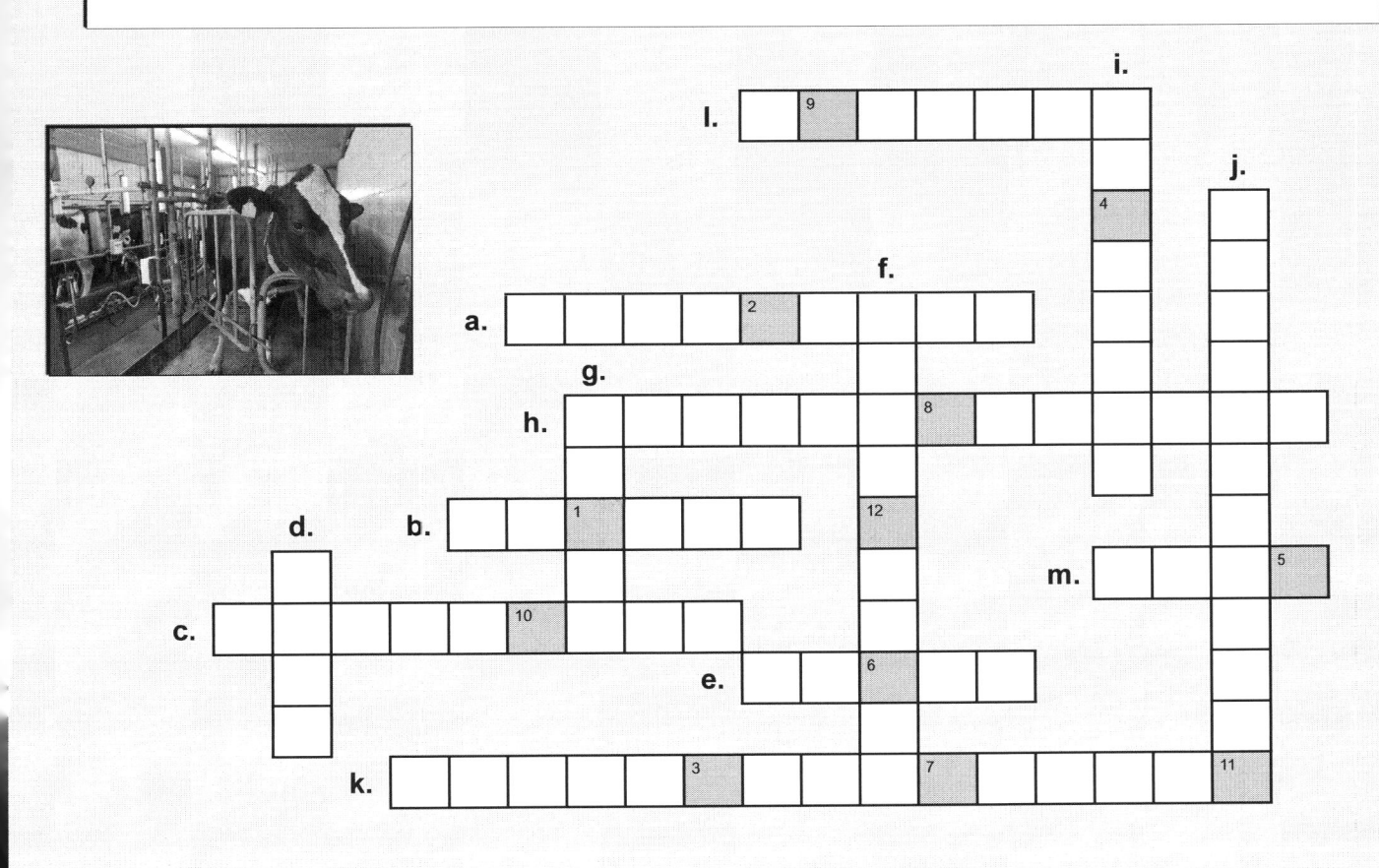

Viele unserer Nutztiere werden auf _ _ _ _ _ _ _ _ _ _ _ _ gezüchtet. Nur so ist es
                                     1 2 3 4 5 6 7 8 9 10 11 12
möglich, dass Hühner bis zu 300 Eier jährlich legen oder Milchkühe bis zu 8 Tonnen Milch pro Jahr abgeben können. Tierschützer bemängeln die einseitigen, dem menschlichen Nutzen dienenden Zuchtprogramme als Tierquälerei.

Seite 9

IV Säugetiere: 1. *Was zeichnet uns aus?*

a. Die Nachkommen aller Säugetiere werden in der ersten Lebensphase mit … ernährt.
b. Säugetiere können ihre Körpertemperatur selbst regulieren. Sie sind … .
c. Ein typisches Merkmal vieler Säuger ist eine dichte Behaarung.
d. Biologisch gesehen sind auch wir … Säugetiere.
e. Bei den meisten Säugetieren kommen die Jungen nicht in einem Ei zur Welt. Daher spricht man davon, dass Säuger … sind.
f. Ursprüngliche Säuger tragen ihren Nachwuchs in einer Tasche am Bauch herum. Wie nennt man diese Gruppe der Säugetiere?
g. Synonym für Säugetier ist auch der Begriff Planzentatier verbreitet. Woher leitet sich der Name ab?
h. Schnabeltiere, vier Spitzmausarten und zwei Schlitzrüsslerarten können etwas einzigartiges im Reich der Säugetiere. Sie sind die einzgen Säuger, die … produzieren.
i. Auch dieser Vorfahre des heutigen Elefanten zählte zu den Säugern.
j. Etwa ein Drittel aller Säuger gehört in diese Gruppe.
k. Mit über 200 Jahren kann der … das höchste Lebensalter unter den Säugern erreichen.
l. Eine säugertypische Verhaltensweise ist das Nachahmen von Artgenossen. Wozu dient dieses Verhalten?

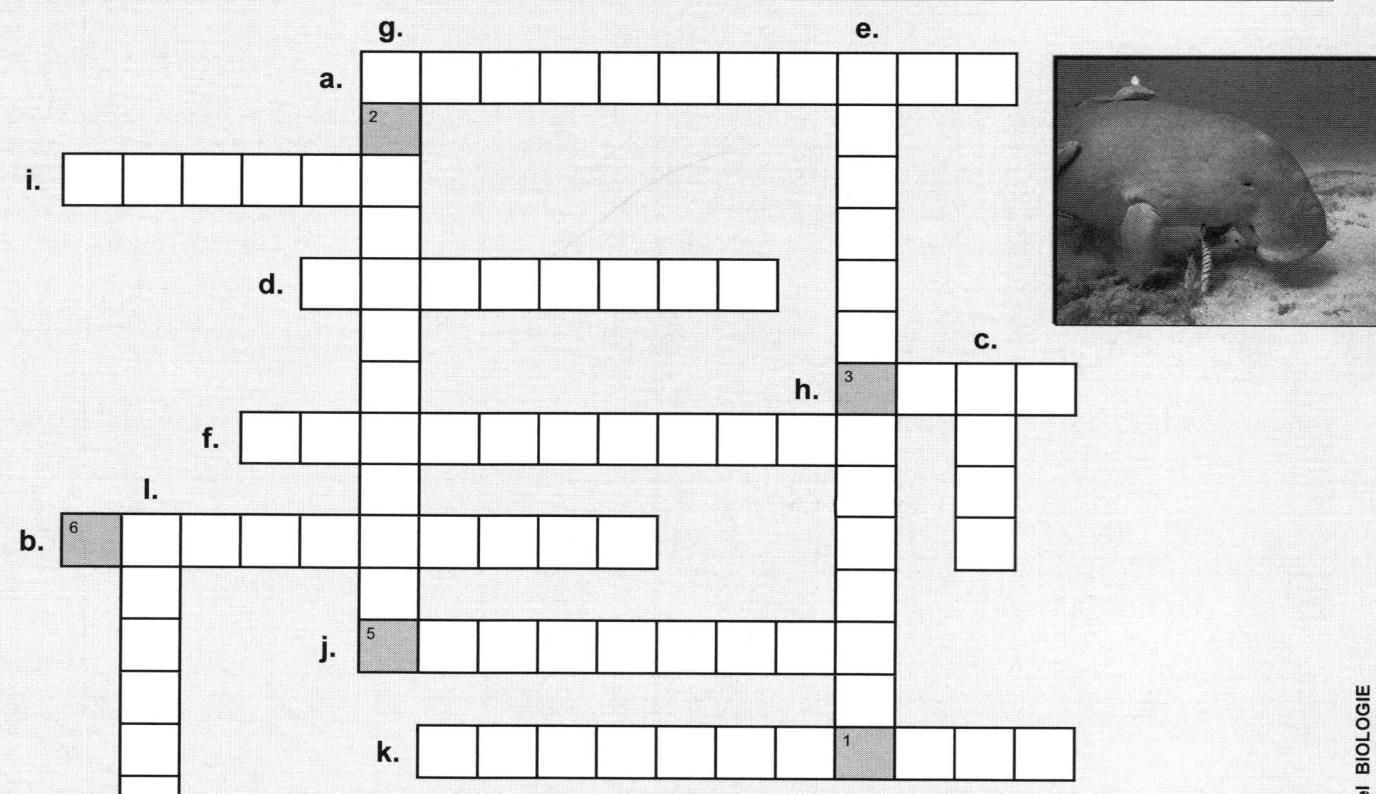

Neben den Rundschwanzseekühen (Manatis) gibt es noch die Gruppe der Gabelschwanzseekühe, den _ _ _ O _ _ . Im Gegensatz zum Manati hält sich diese Seekuhart ausschließlich im
      1 2 3 4 5 6
Salzwasser an den Küsten Ostafrikas und Ozeaniens auf. Gelegentlich kommen die auch über den Suezkanal ins Mittelmeer. Es sind sehr scheue Tiere, die trübe Küstengewässer bewohnen und daher bislang nur sehr spärlich untersucht wurden.

Seite 10

IV Säugetiere: 2. Welches Tier bin ich?

a. Meine Haut ist schwarz und mein Fell ist weiß. Am liebsten fresse ich Robben.
b. Ich bin eine Raubkatze, die in Afrika und Indien beheimatet ist.
c. Mit 130 Tonnen Gewicht bin ich das schwerste Säugetier überhaupt.
d. Mit bis zu 120 km/h bin ich der Schnellste unter den Säugern.
e. Das Revier dieses stacheligen Gesellen ist sechs Fußballfelder groß.
f. Das lauteste Landtier erreicht eine Lautstärke von über 90 dB. Man kann den … noch in 16 Kilometern Entfernung hören und er macht seinem Namen alle Ehre.
g. Wir sind in der Lage, unsere eigenen Ohren mit der Zunge zu reinigen. Vielleicht liegt das an meinem langen Hals.
h. Wir schlafen während des Schwimmens und haben daher immer ein Auge offen.
i. Ich bin der einzige Säuger, der noch Eier legt.
j. Ich bin das langsamste Säugetier. 300 m am Tag reichen mir völlig.
k. Ich bin der stärkste Menschenaffe. Ich schaffe es, Gewichte von bis zu 900 kg zu heben.
l. Ich kann über 5,50 m hochspringen und das ohne Anlauf. Nicht umsonst nennt man mich auch Berglöwe.
m. MIt einer Geschwindigkeit von fast 50 km/h überhole ich den besten Olympiasprinter der Welt. Und das, obwohl ich mit über 4 Tonnen ein ganz schöner Brocken bin.

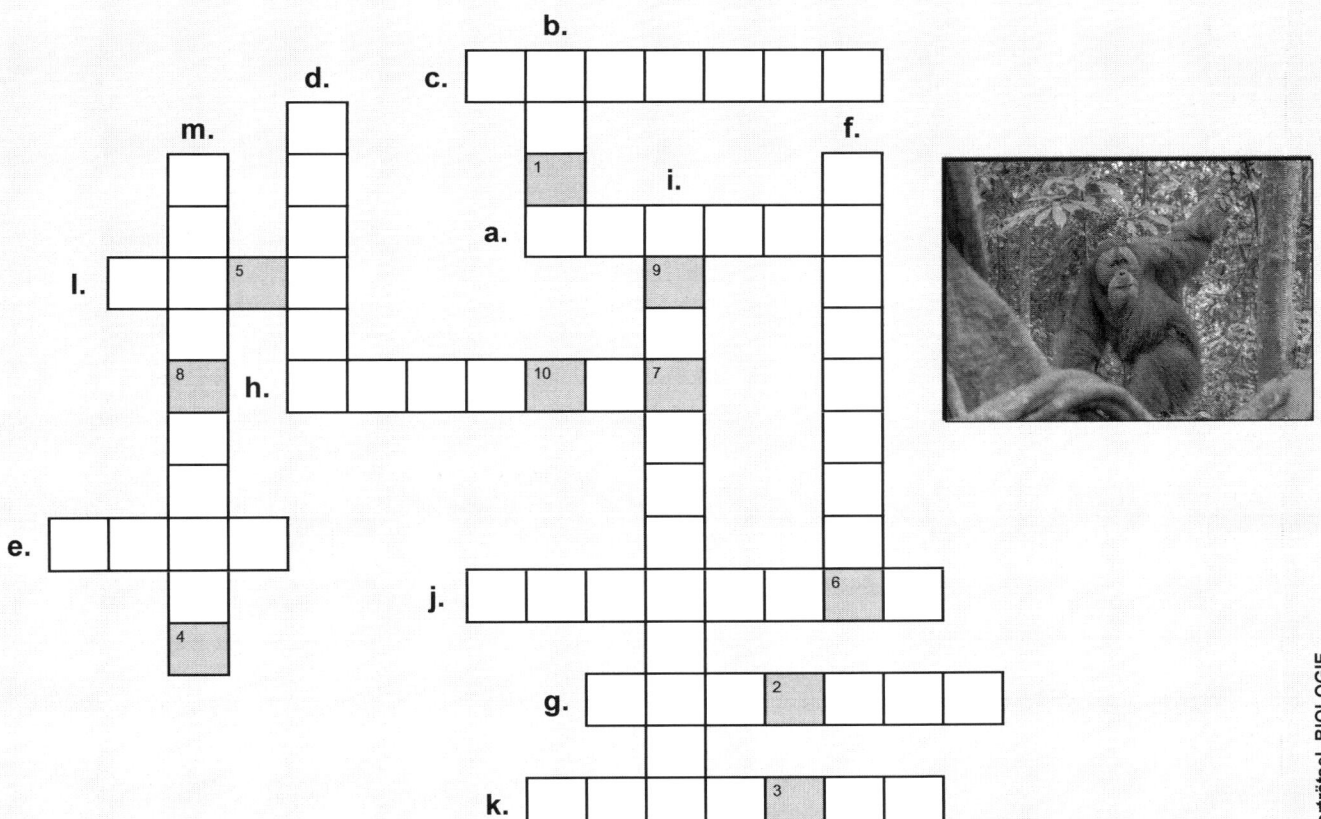

Der Orang Utan bildet gemeinsam mit dem Gorilla, dem Schimpansen und dem Menschen die Gruppe der Menschenaffen. Der Name leitet sich aus der Sprache der Ureinwohner ab und bedeutet frei übersetzt _ _ _ _ _ _ _ _ _ _ (1 2 3 4 5 6 7 8 9 10). Der Orang Utan ist der Rodung und Wilderei gefährdet und gilt als vom Aussterben bedroht.

Seite 11

V Vögel: 1. *Was zeichnet uns aus?*

a. Bei allen Vögeln sind die Vordergliedmaßen zu … umgebildet.
b. Das Brustbein ist stark vergrößert, weil hier die … ansetzt.
c. Die meisten Knochen der Vögel sind innen hohl. Warum?
d. Dieses charakteristische Merkmal der Vögel trägt niemals echte Zähne.
e. Vögel sind gleichwarm. Dieses typische Vogelmerkmal hilft den Tieren, ihre Körpertemperatur zu regulieren.
f. Alle Vögel bringen ihre Jungen in … zur Welt.
g. Alle Vögel betreuen ihre Jungen während der Nestphase. Sie betreiben also … .
h. Die Lungen der Vögel müssen sehr leistungsstark sein. Daher stehen sie in Verbindung mit … .
i. Neben Krokodilen sind die Vögel die letzten lebenden Verwandten der … .
j. Die Wissenschaft der Vögel heißt … .
k. Welche einheitliche Ausfuhröffnung für Eier, Urin und Kot haben Vögel?
l. Bei Vögeln ist zumeist das Männchen auffälliger gefiedert, größer oder allgemein auffallender als das Weibchen. Man spricht von … .
m. Das Gefieder der Vögel wird von Zeit zu Zeit gewechselt. Man spricht von der … .
n. Enten, Pinguine und Seetaucher gehören zur Gruppe der … .

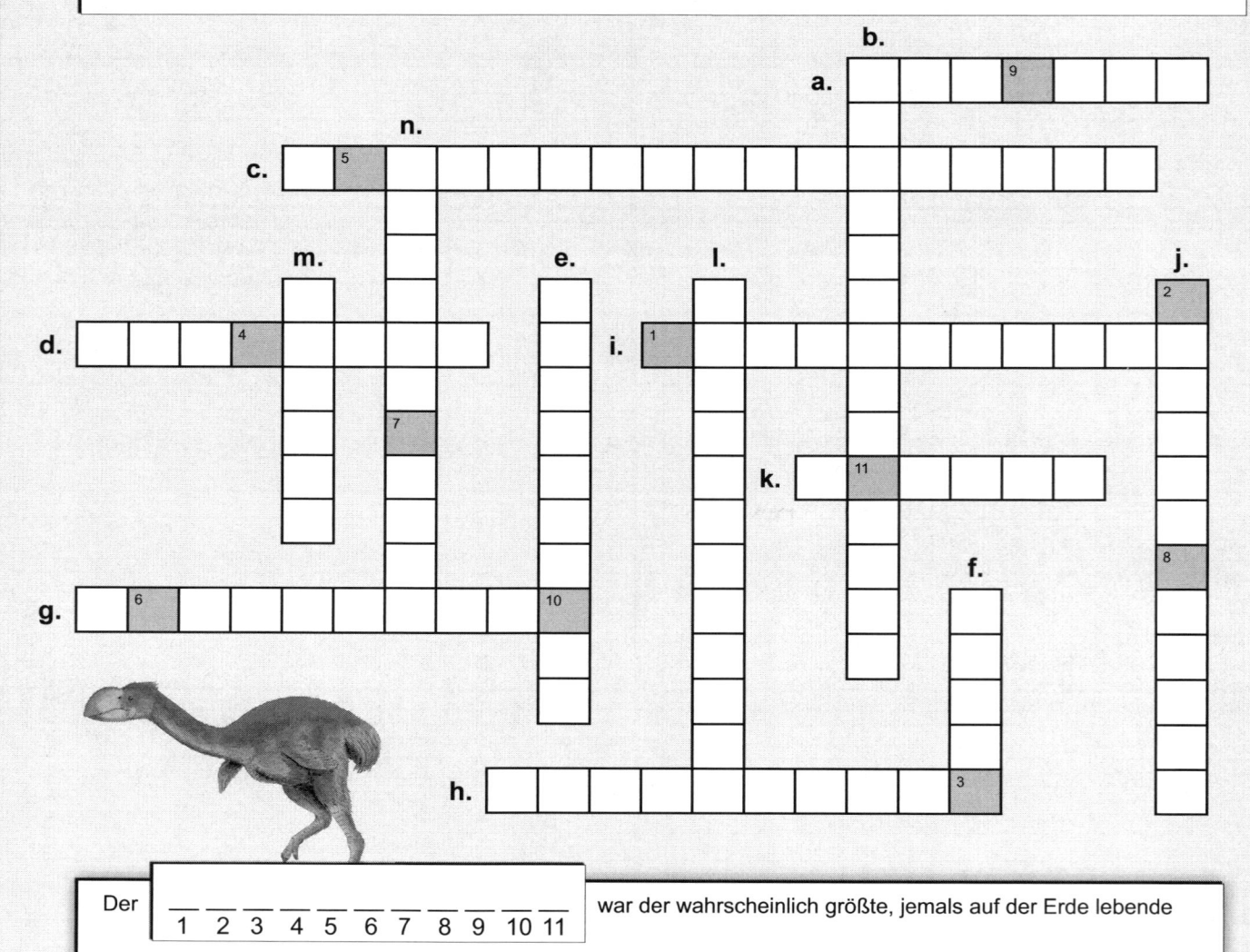

Der _ _ _ _ _ _ _ _ _ _ _ war der wahrscheinlich größte, jemals auf der Erde lebende Vogel. Er lebte vor über 20 Millionen Jahren in Australien und war dort ein gefürchteter Jäger. Seine Eier hatten die Größe einer Wassermelone. Die Tiere wurden über 3 m hoch und brachten stolze 500 kg auf die Waage. Vor etwa 11.000 Jahren sind diese Tiere ausgestorben.

Seite 12

Vögel: 2. Welches Tier bin ich?

a. Ich bin der größte derzeit lebende Vogel der Erde und lebe in Afrika.

b. Mit einer unglaublichen Fluggeschwindigkeit von über 320 km/h bin ich der schnellste Vogel der Welt.

c. Von einer Flügelspitze zur anderen messe ich 3,5 m. Damit habe ich die größte Flügelspannweite im Reiche der Vögel. Ich bin der … .

d. Ich bin ein unscheinbarer Vogel, der nicht einmal fliegen kann. Dennoch bin ich das Wappentier Australiens.

e. Mit 49 cm habe ich den längsten Schnabel unter den Vögeln.

f. Die größte Vogelart innerhalb der Geier ist der … .

g. Ich bin nahe verwandt mit den Hühnern und stamme ursprünglich aus Indien. Zum Beleg meiner Attraktivität schlage ich gerne ein Rad. Ich gehöre zu den Fasanen.

h. Während meines Schwirrfluges schlagen meine Flügel 50 mal pro Sekunde.

i. Ich lege meine Eier in das Nest eines anderen Vogels.

j. Ich bin die größte Eulenart in Europa.

k. Mit einer Höhe von 11,2 km über NN bin ich der Vogel, der am höchsten fliegt. Ich kreise über meinen Heimatkontinet Afrika.

l. Mit einer Flugstrecke von 36.000 km bin ich der ausdauerndste Langstreckenflieger. Meine Reise geht von Erdpol zu Erdpol.

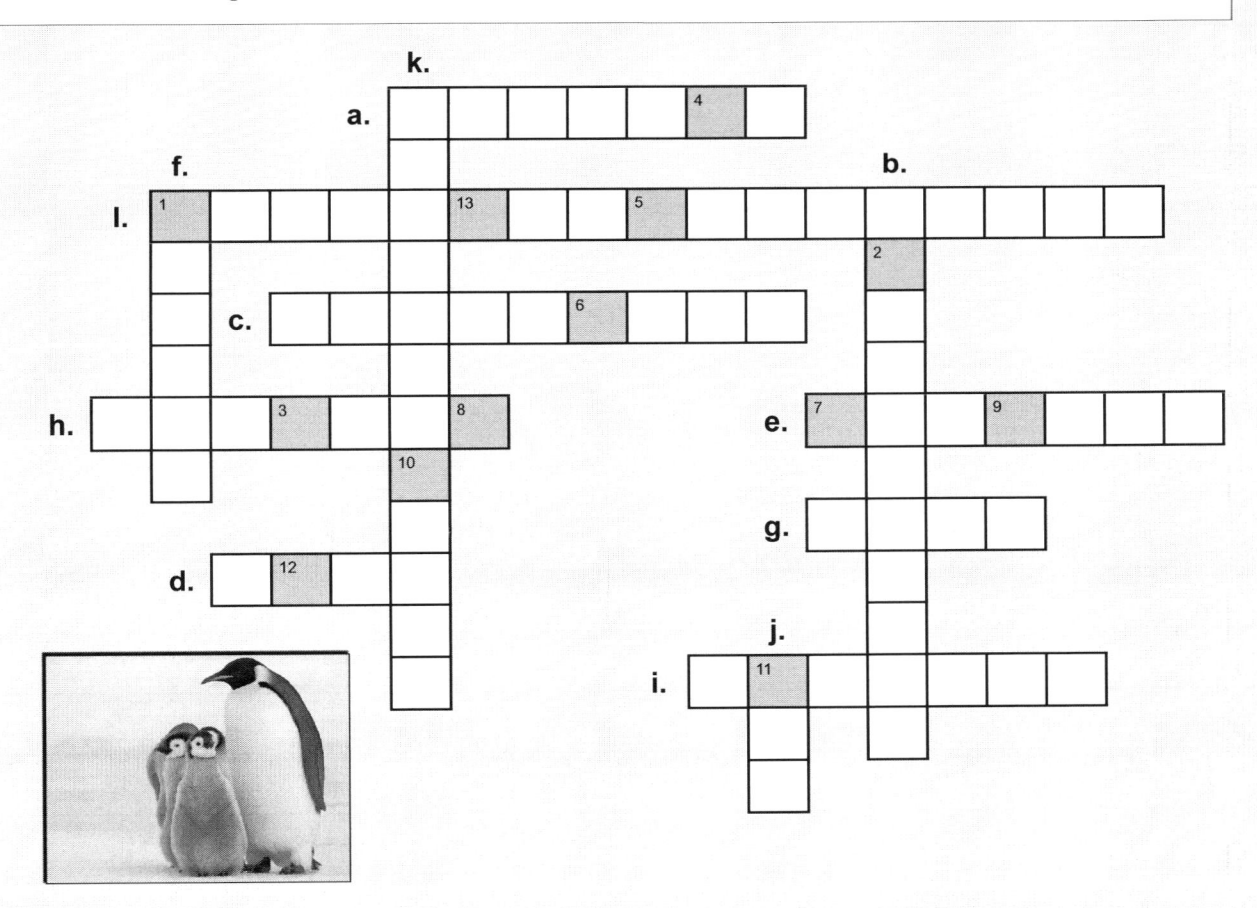

Der __ __ __ __ __ __ __ __ __ __ __ __ __ erreicht eine Körpergröße zwischen 1 und
  1 2 3 4 5 6 7 8 9 10 11 12 13

1,30 Meter und wiegt rund 35 Kilogramm. Vögel haben alle Kontinente und alle Lebensräume besiedelt, so auch das Meer. Dieser Vogel ist in der Lage, bis zu 265 Meter tief zu tauchen und bei solchen Tauchgängen 18 Minuten unter Wasser zu bleiben. Damit ist er der beste Taucher unter den Vögeln.

Seite 13

VI Reptilien: 1. *Was zeichnet uns aus?*

a. Reptilien sind auf die Wärme der Sonne angewiesen. Sie sind … .

b. Die Haut der Reptilien besteht aus äußerst harten … .

c. Fast alle Reptilien schlüpfen aus Eiern. Eine Ausnahme bildet eine bei uns heimische Schlangenart. Die … ist lebendgebärend.

d. Der Name „Reptilien" kommt von dem lateinischen Wort „reptilis", was soviel bedeutet wie kriechend. Daher lautet der deutsche Name der Reptilien auch … .

e. All jene Reptilien, denen die Gliedmaßen fehlen, nennt man … ? Darunter sind auch viele für den Menschen sehr gefährliche Gifttiere.

f. All jene Reptilien, die sich bei Gefahr in ihrem runden und äußerst harten Panzer verkriechen können, nennen wir … .

g. Gaviale und Alligatoren sehen den …? zum Verwechseln ähnlich.

h. Unsere Blindschleiche zählt nicht zu Schlangen, sondern ist eine … .

i. Bei vielen Reptilien bestimmt die Temperatur über das … des Nachwuchses in den Eiern.

j. Krokodile sind lebende Fossilien. Sie stammen in direkter Linie von den … ab.

k. Im Gegensatz zu Amphibien haben Reptilien auch als neugeborene Jungtiere keine … mehr zur Atmung.

l. Die wissenschaftliche Beschäftigung mit Reptilien nennt man … .

Der _ _ _ _ _ _ _ _ _ _ _ lebt auf einigen Inseln in Indonesien.
   1 2 3 4 5 6 7 8 9 10 11

Diese Tiere können bis zu drei Meter lang und 70 kg schwer werden und sind damit die größte lebende Echsenart der Welt. In speziellen Drüsen im Unterkiefer produziert er ein hochgefährliches Gift, mit dessen Hilfe er selbst große Beutetiere, wie Wildschweine oder Hirsche erbeuten kann. Dabei genügt ein Biss ins Bein seines Opfers, das Gift erledigt den Rest. Mit etwa 3000 lebenden Tieren ist er sehr stark vom Aussterben bedroht.

Seite 14

VI Reptilien: 2. Welches Tier bin ich?

a. Ich kann die Farbe meines Körpers der Umgebung anpassen.
b. Ich bin die größte, lebende Echse der Welt und lebe in Indonesien.
c. Mit über 7 Meter Länge bin ich die größte Schlange überhaupt. Ich lebe in Südamerika bevorzugt in sumpfigem Gelände wie dem Pantanal.
d. Ich bin eine giftige Natter. Mein Markenzeichen ist mein spreizbares Nackenschild.
e. Ich bin eine giftige Grubenotter und lebe im Süden der USA. Mein Erkennungszeichen ist meine Schwanzrassel.
f. Ich kann dank meiner feinsten Härchen an den Füßen per Adhäsionskraft selbst kopfüber an einer Glasscheibe entlang gehen.
g. Gerade einmal 110 mg meines Giftes würden reichen, um 100 Menschen damit zu töten. Damit bin ich die giftigste Schlange weltweit. Zum Glück für euch lebe ich in Down under.
h. Obwohl ich keine sichtbaren Beine habe, bin ich keine Schlange sondern eine Echse. Hast du mich schon mal gesehen? Ich lebe nämlich hier bei euch.
i. Das Nilkrokodil ist die zweitgrößte Krokodilart. Ich aber bin die Größte.
j. Bei Krokodilen sieht man selbst bei geschlossenem Maul die Zähne aus Ober- und Unterkiefer sehr gut. Bei mir dagegen nur die Zähne des Oberkiefers.
k. Charles Darwin persönlich taufte mich „Harriet" und nahm mich mit von den Galapagos-inseln nach Australien. Wir können über 200 Jahre alt werden.
l. Von den sechs in Deutschland lebenden Schlangenarten sind nur zwei giftig. Neben der Aspisviper auch ich. Mich erkennst du an dem Zackenband auf meinem Rücken.

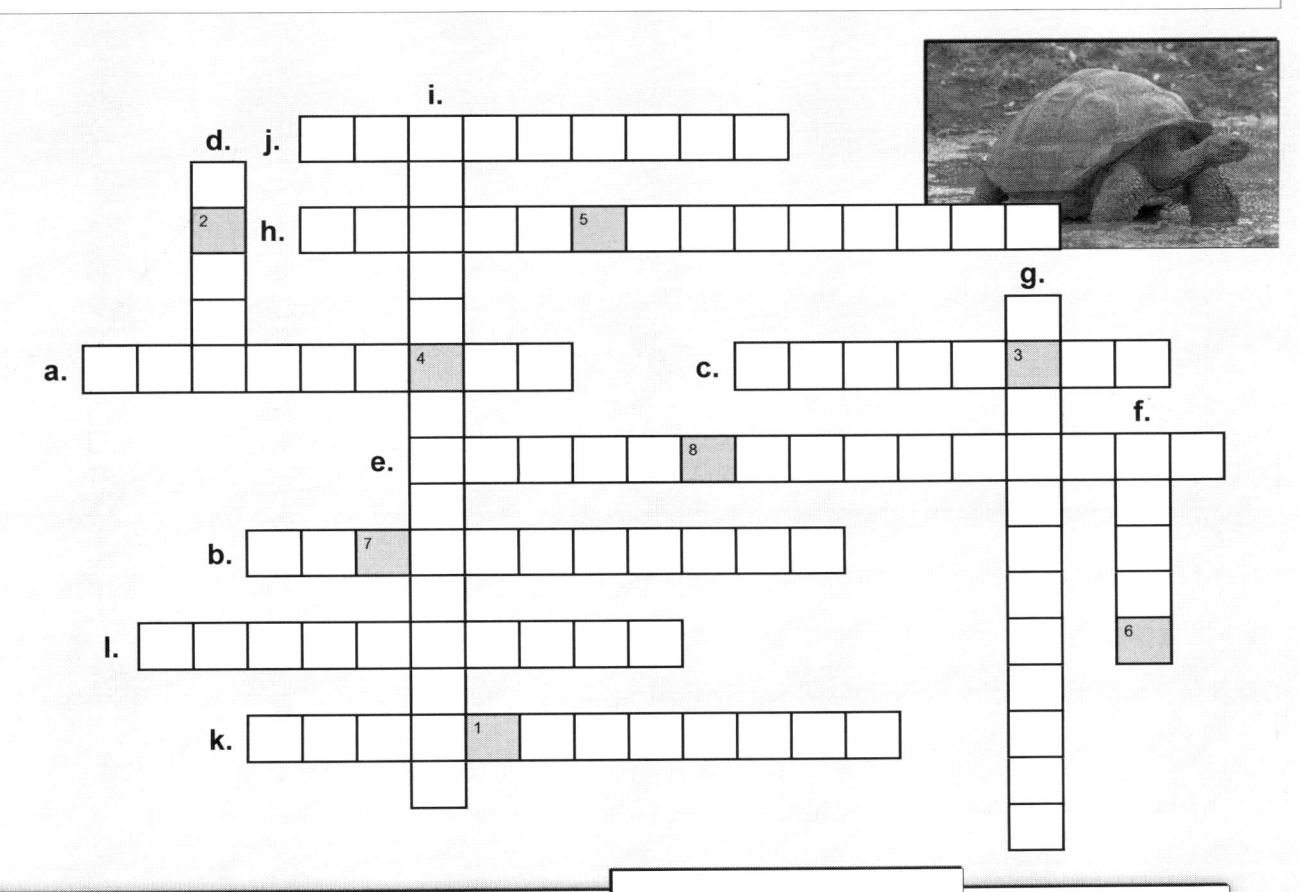

Da er der Letzte seiner Art war, wurde er auf den Namen _ _ _ _ _ _ _ _ George getauft.
 1 2 3 4 5 6 7 8

Er war eine Galapagosschildkröte der Unterart *Chelonoidis nigra abingdonii* (zu dt. Pinta-Riesenschildkröte) und er lebte in einer Forschungsstation auf der Insel Pinta. Jahrelang suchte er die Insel vergebens nach einer Partnerin ab. Somit starb im Jahr 2012 der letzte Vertreter seiner Art. Er wurde 100 Jahre alt.

VII Amphibien: 1. *Was zeichnet uns aus?*

a. Amphibien atmen zum einen über die Lunge, zum anderen über die … .
b. Um sich feucht zu halten sondern Amphibien einen … über die Haut ab.
c. Amphibien können ihre Körpertemperatur nicht selbst regulieren. Sie sind … .
d. Amphibien sind im kalten Winter nicht bewegungsfähig. Daher überwintern sie in … .
e. Amphibien legen ihre Eier immer im Wasser ab. Man nennt diese Eigelege … .
f. Aus den Eiern der Amphibien schlüpfen … .
Sie sehen ihren Eltern noch überhaupt nicht ähnlich.
g. Der frischgeschlüpfte Nachwuchs lebt ausschließlich im Wasser und atmet über … .
h. Im Laufe der Entwicklung von der Kaulquappe zum erwachsenen Tier durchlaufen Amphibien eine … .
i. Das deutsche Wort für Amphib lautet … .
j. Da Amphibien in der Sonne schnell austrocknen und sterben sind sie zumeist … .
k. Amphibien leben auf allen Kontinenten, mit Ausnahem der … .
l. Salamander und Molche zählen zu den … .
m. Von den 7000 Amphibienarten weltweit leben nur 20 Arten in … .

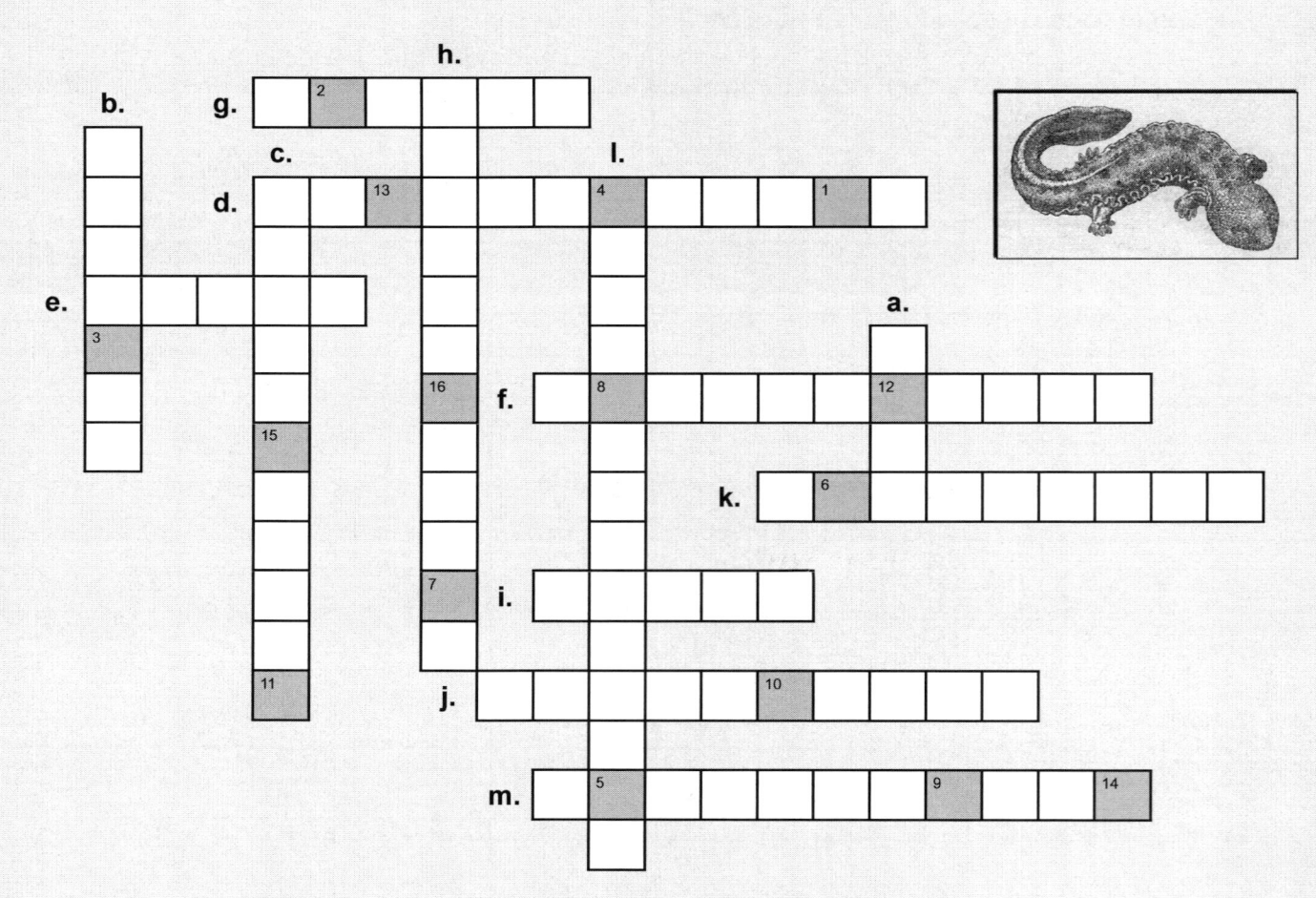

Der japanische _ _ _ _ _ _ _ _ _ _ _ _ _ _ _ _ ist das größte, lebende Amphib
                1 2 3 4 5 6 7 8 9 10 11 12 13 14 15 16

weltweit. Er kann eine Körperlänge von 1,5 m bein einem Gewicht von rund 20 kg erreichen. Die Tiere sind nur spärlich erforscht. Ein erwachsenes Tier lebte nach dem Fang noch weitere 57 Jahre in einem Zoo, was darauf schließen lässt, dass diese Tiere sehr alt werden können. Sie leben zeitlebens im Wasser und erbeuten als Lauerjäger kleine Fische, Insekten oder andere Lurche.

VII Amphibien: 2. Welches Tier bin ich?

a. Ich bin ein kleiner Froschlurch. Ich trage meine Eier in einer Laichschnur mit mir herum, bis die Larven bereit zum Schlupf im Wasser sind. Daher auch mein Name.

b. Mit über 32 cm Körpergröße bin ich der größte Frosch der Welt.

c. Meine schwarzgelbe Färbung kennt jedes Kind, dass ich aber auch ein leichtes Gift über meine Haut absondern, wissen dagegen nicht alle.

d. Die Ureinwohner Südamerikas nutzten mein hochgiftiges Sekret für ihre Zwecke. Mein Gift ist für Menschen tödlich, obwohl ich nur ein 5 cm kleiner, farbenfroher Frosch bin.

e. Im Gegensatz zu meinen Verwandten bin ich ein Schwanzlurch, der seine Jungen lebend gebärt.

f. Ich kann bis zu 1,5 m lang werden und bin daher der größte Lurch der Welt. Mein Name ist Programm.

g. Ich habe im Gegensatz zu Fröschen keine Schwimmhäute. So kannst du uns ganz leicht von den Fröschen unterscheiden, obwohl wir uns sehr ähnlich sehen.

h. Ich stamme aus Südamerika und verbringe mein ganzes Leben im Dauerlarvenstadium. Mein Name ist aztekischer Herkunft und bedeutet „Wassermonster". Viele halten mich in ihren Aquarien.

i. Mit 18 cm Länge bin ich der längste Schwanzlurch in Mitteleuropa. Ich bin sehr gefährdet. Ein Hautlappen auf meinem Rücken gab mir meinen Namen.

Der unter dem lateinische Namen *Rana sylvatica* bekannte amerikanische _____ produziert bei Bedarf sein eigenes Frostschutzmittel. Mit dessen Hilfe kann dieser Frosch, obwohl er wechselwarm ist, Temperaturen von bis zu –16° C überleben. Damit ist er der unangetastete Rekordhalter unter den Amphibien.

W _ _ _ _ _ _ _ _ _
1 2 3 4 5 6 7 8 9 10

Seite 17

VIII Fische: 1. *Was zeichnet uns aus?*

a. Fische leben ihr ganzes Leben im gleichen Element.
b. Ihre Körper sind dem Leben als Schwimmer angepasst. Sie sind … .
c. Die Brustflossen der Fische sind stammesgeschichtlich mit den Armen der Menschen vergleichbar, die Bauchflossen mit den Beinen. Man sagt, sie sind … .
d. Fische können ihre Körpertemperatur nicht selbst regulieren. Sie sind … .
e. Ihr Körper wird zumeist von dünnen Knochenplättchen, den … bedeckt.
f. Die Atmung der Fische erfolgt über die … .
g. Die meisten Fische legen ihre Eier auf den Meeresgrund ab und besamen sie auch dort. Man nennt diesen Vorgang eine … Befruchtung.
h. Rochen und Haie gehören in die Gruppe der … .
i. Die Lehre von der Biologie der Fische nennt man … .
j. Knochenfische können mit Hilfe ihrer … im Wasser schweben. Knorpelfische müssen dagegen stets in Bewegung bleiben, sonst sinken sie zu Boden.
k. Viele Haie und Rochen legen keine Eier. Sie sind … .

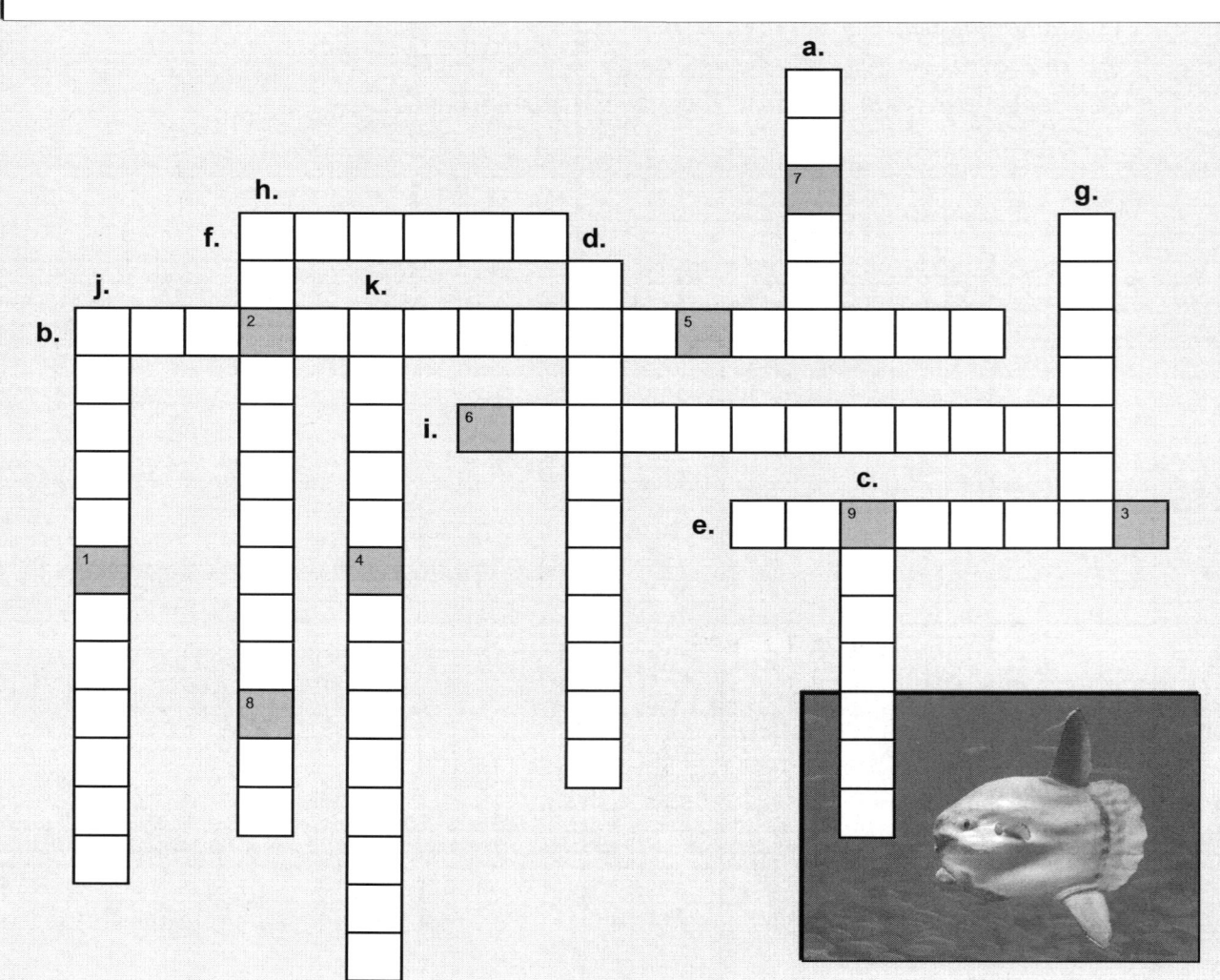

Der ___ ___ ___ ___ ___ ___ ___ ___ ___ (Mola mola) ist der schwerste Knochenfisch der Welt. Er kann über
       1   2   3   4   5   6   7   8   9
3,3 m lang werden und dabei stolze 2.300 kg wiegen. Er liebt die warmen Gewässer der südlichen Erdhalbkugel, kann aber auch schon mal im Mittelmeer vorbeischauen. Immerwieder werden sie sogar in der Nordsee vor der deutschen Küste gemeldet. Mit über 300 Mio. Eiern pro Laichvorgang ist er der fruchtbarste Fisch überhaupt.

Seite 18

VIII Fische: 2. *Welches Tier bin ich?*

a. Mich erkennt man an der Fettflosse auf meinem Rücken. Ich bin eine Delikatesse.
b. Meine Eier werden als Kaviar sehr geschätzt.
c. Mit 300 Mio. Eiern pro Laichvorgang bin ich der fruchtbarste Fisch überhaupt.
d. Ich bin mit 13 m Länge und 12 Tonnen Gewicht der schwerste Fisch weltweit.
e. Die helle Färbung meines Bauches gab mir den Namen. Mit 7 m Länge und 3 t Gewicht bin ich ein auch für Menschen äußerst gefährlicher Raubfisch.
f. Mit 3 t Gewicht bin ich der schwerste Rochen überhaupt.
g. Ich bin ein Zierkarpfen, für den ein japanischer Sammler 1,5 Mio. Euro bezahlt hat.
h. Obwohl das viele nicht glauben, gehöre auch ich zu den Fischen, auch wenn mein Name eher an ein Reittier erinnert.
i. Ich lebe in Korallenriffen und habe eine typische, gestreifte Färbung. Ich war sogar ein Fernsehstar.
j. Ich bin ein Plattfisch und bevorzuge Brackwasserregionen.
k. Mit meinem 4 m langen dünnen Körper erinnere ich an eine Schlange.
l. Mich erkennst du sofort an meinen langen Barteln neben meinem breiten Maul.

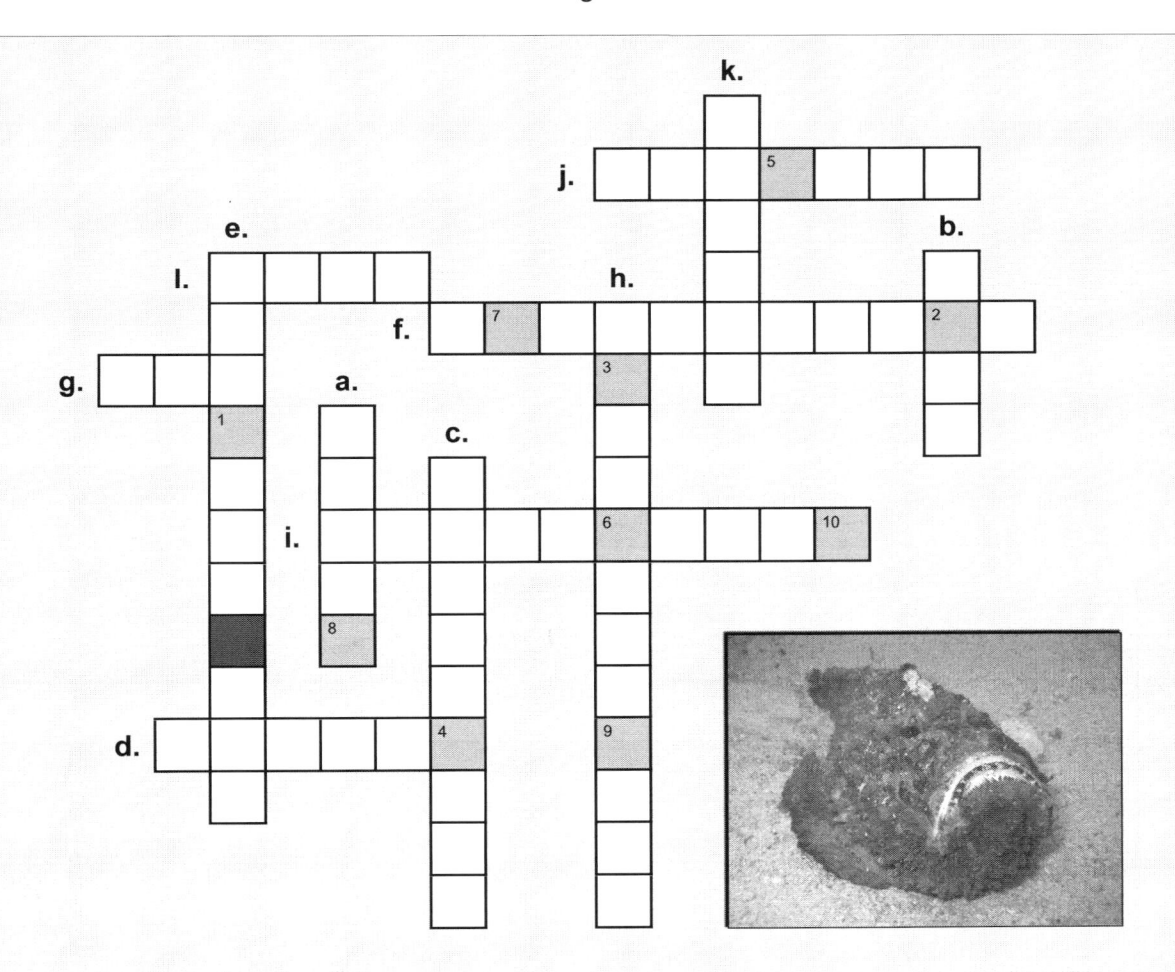

Der __ __ __ __ __ __ __ __ __ __ ist eine Barschart, die einzelgängerisch als Fels getarnt am
   1 2 3 4 5 6 7 8 9 10

Meeresboden liegt und auf Beute lauert. Da diese Tiere schlechte Schwimmer sind, verlassen sie sich auf ihre Tarnung und ihre Rückenflossenstacheln. Wenn nun ein Mensch aus Unachtsamkeit auf den im Sand liegenden Fisch tritt, wird er von den Rückenflossenstacheln gestochen, wobei ein Gift übertragen wird, das selbst für Menschen tödlich sein kann. Da der Steinfisch gerne im seichten Gewässer in Ufernähe lebt, ist es ratsam, stets Schwimmschuhe beim Baden im Meer zu tragen.

IX Systematik der Wirbeltiere

a. Allen Wirbeltieren gemeinsam ist ein innenliegendes Stützgerüst aus Knochen.
b. Zentrales und namengebendes Element der Wirbeltiere ist die … .
c. Allen Wirbeltieren gemeinsam ist die durch eine Knochenkapsel geschützte Verdickung am oberen Ende der Wirbelsäule.
d. Die stammesgeschichtliche Entwicklung wird in einem … veranschaulicht.
e. Über die Hälfte der 66.000 Wirbeltierarten auf der Welt gehören zu den … .
f. Alle Wirbeltiere außer den Fischen haben gemeinsam, dass sie über vier … verfügen.
g. Alle Wirbeltiere außer den Fischen atmen über eine … .
h. Wirbeltiere werden im Vergleich zu Wirbellosen recht groß. Das wurde durch die Entwicklung einer sehr leistungsfähigen … ermöglicht.
i. Im Gegensatz zu den Wirbellosen ist das Blut-Kreislaufsystem der Wirbeltiere … .
j. Bei Wirbeltieren gibt es in der Regeln männliche und weibliche Vertreter. Man sagt, die Wirbeltiere sind … .
k. Bei manchen Fischen herrscht Hermaphroditismus, dass heißt diese Fische sind … .
l. Jungferngeckos sind alle weiblich. Diese Tiere legen unbefruchtete Eier, aus denen Klone der Mutter schlüpfen. Männliche Tiere wurden komplett abgeschafft. Diese Form der Fortpflanzung nennt man Jungfernzeugung oder … .

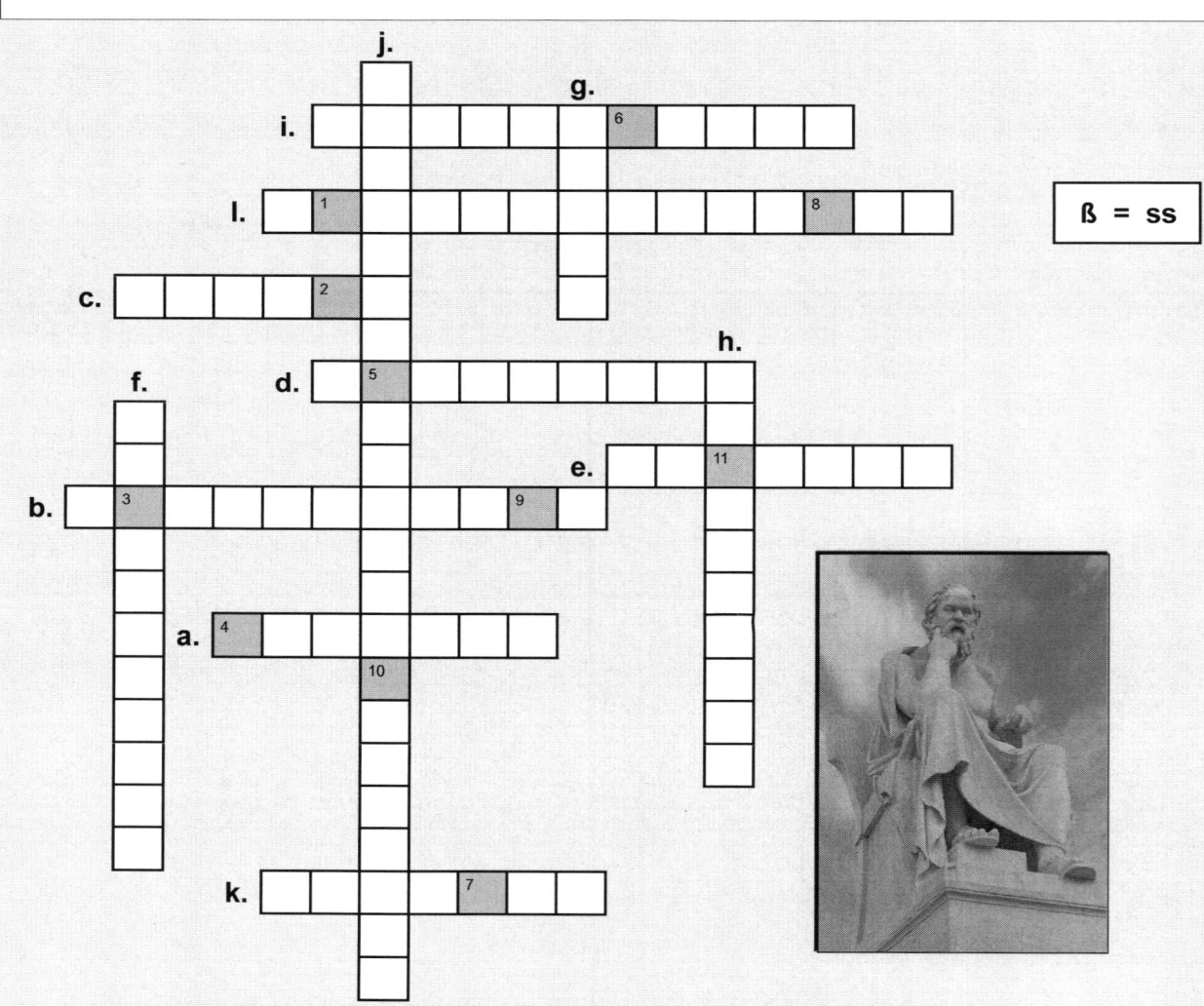

ß = ss

Bereits in der Antike wollte man die Lebewesen ordnen. Als einer der ersten begann der griechische Philosoph _ _ _ _ _ _ _ _ _ _ _ (* 384 v. Chr.; † 322 v. Chr.) die ihm bekannten Lebewesen in einer
1 2 3 4 5 6 7 8 9 10 11 Stufenleiter nach dem Grad ihrer Perfektion zu ordnen. Dabei ging es von primitiven zu höher entwickelten Formen. Er führte viele Begriffe ein, die auch heute noch benutzt werden.

Seite 20

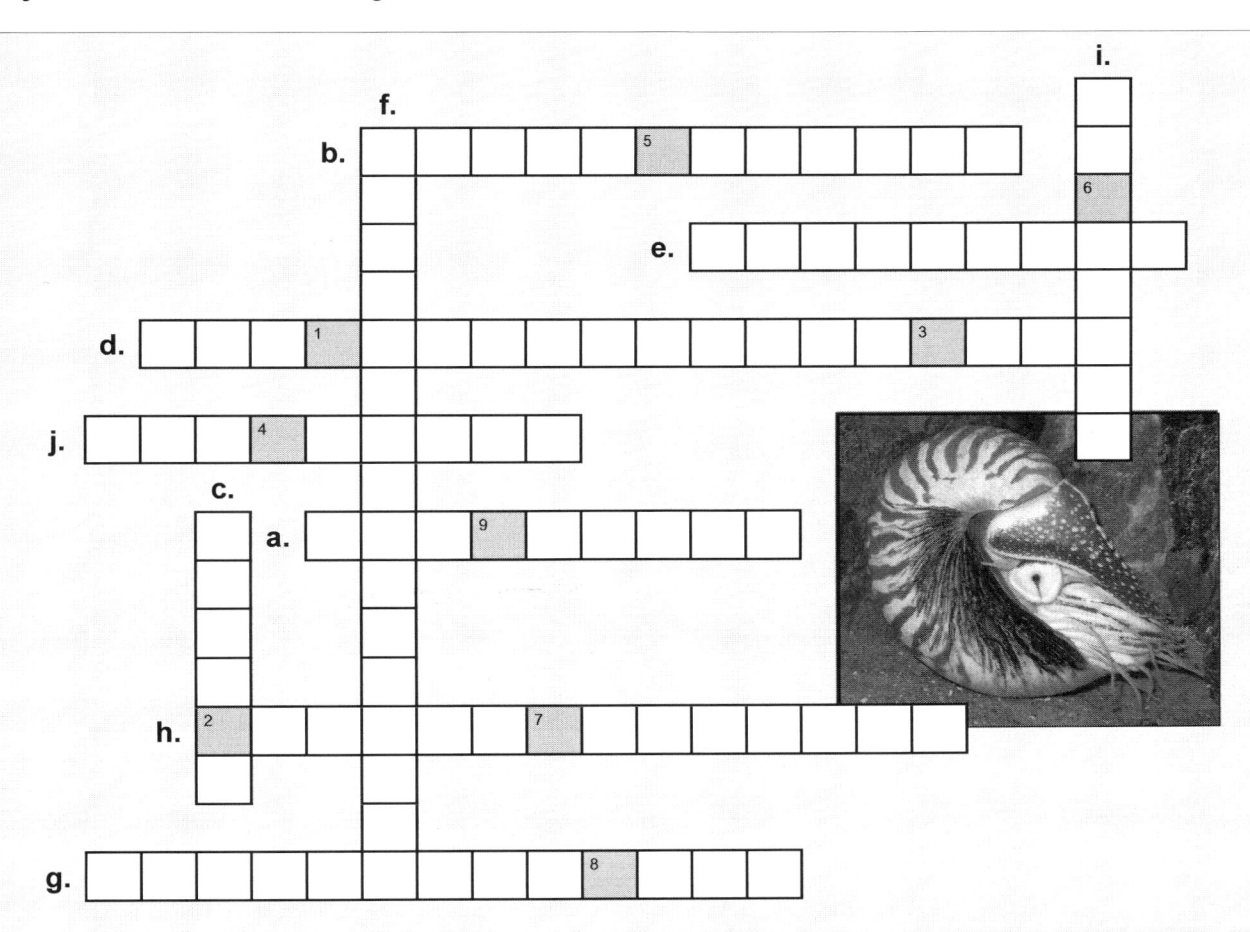

Biologische Prinzipien

a. Alle Lebewesen sind in ihrem Bau und ihren Fähigkeiten perfekt an ihre Umgebung … .

b. Arten sind nicht unveränderlich, da sie sonst nicht auf Umweltveränderungen reagieren könnten. Die … ist das Ergebnis der Evolution und gleichzeitig ihr Motor.

c. Alle Lebewesen bestehen aus mindestens einer bis unendlich vielen …, die in sich abgeschlossen sind, aber über Stoff- und Energieaustausch miteinander in Verbindung stehen.

d. Jeder mehrzellige Organismus besteht aus Strukturen, die unterschiedliche Aufgaben übernehmen. Nur das Zusammenspiel ermöglicht das Leben. Man nennt diese Aufteilung in unterschiedliche Bereiche auch … .

e. Alle Lebewesen benötigen zum Überleben Nahrung, damit sie die Stoffe in Energie … können.

f. Lebewesen zeigen angeborene und erlernte … .

g. Jedes Lebewesen tauscht Informationen mit anderen Organismen und seiner Umwelt aus. Man nennt diesen Informationsaustausch auch … .

h. Lebewesen pflanzen sich fort. Dadurch geben sie ihre … an ihre Nachkommen weiter.

i. Die Wechselwirkungen zwischen Organismen untereinander und mit ihrer Umgebung erforscht die biologische Fachrichtung der … .

j. Die Weiterentwicklung der Arten nennt man … .

Das Ziel der Evolution ist es, sich ständig weiterzuentwickeln, um stets perfekt an seine Umgebung angepasst zu sein. Die _ _ _ _ _ _ _ _ _ (1 2 3 4 5 6 7 8 9) (Nautilus) sind seit über 60 Mio. Jahren in nahezu unveränderter Form in den Ozeanen unserer Erde unterwegs. Man nennt sie daher auch lebende Fossilien. Kann es also sein, dass diese Kopffüßer bereits die perfekte Ausprägung entwickelt haben und es dadurch keine Veränderungen mehr gibt? Haben diese Tiere die Fähigkeit zur Evolution verloren?

XI Insekten: 1. *Bauplan*

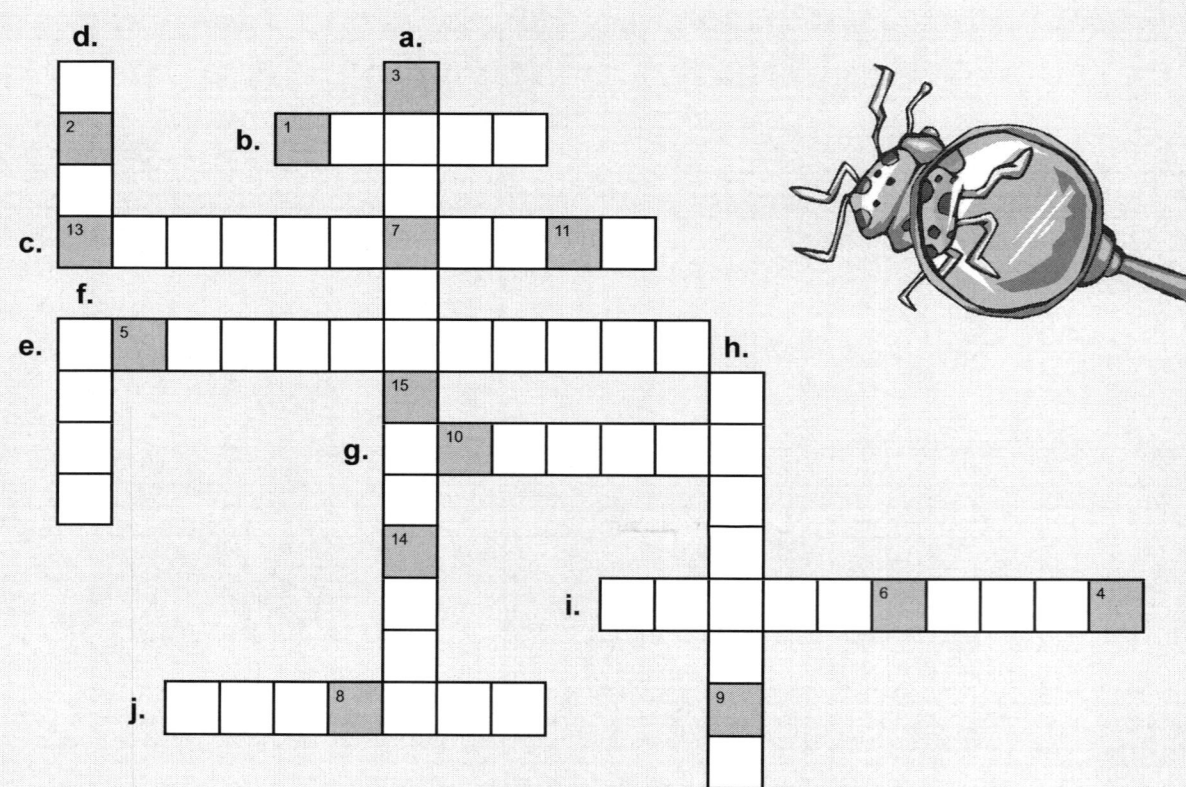

Auf dem Bild siehst du einen Laufkäfer der Gattung Harpalus. Er zeigt die typische Körpergliederung der Insekten. Kannst du sie bennenen?

- h. → An
- a. → M
- e. → Fa
- j. → Sch
- c. → lü
- f. →
- d. ←
- b. ←
- i. ← H
- g. ←

Der __ __ __ __ __ __ __ __ __ __ __ Ä __ __ __ *Brachnius* lebt im offenen Gelände, meist in
    1 2 3 4 5 6 7 8 9 10 11 12 13 14 15

kleinen Gruppen unter Steinen verborgen. Er erscheint mit seiner Körperlänge von 15 mm eher unauffällig, so dass die meisten von uns ihn gar nicht beachten. Aber sein deutscher Trivialname lässt erahnen, dass mehr in dem kleinen Tierchen steckt. Das wichtigste Merkmal dieser Käfer ist ihr Explosionsapparat am Hinterleibsende. Diese Drüse produziert zwei chemische Substanzen, die in getrennten Kammern gespeichert werden. Bei Gefahr stößt der Käfer die Substanzen gleichzeitig nach außen. Dabei kommen diese Chemikalien in Berührung, reagieren so stark miteinander, dass sein Explosionsknall zu hören ist. Dabei entsteht neben einer Säure auch Wärme von über 100° C, die jeden Feind in die Flucht schlägt.

Seite 22

XI Insekten: 2. *Was zeichnet uns aus?*

a. Nur wenige Insekten leben im Wasser. Zumeist sind es … .
b. Ihr Körper ist in drei Bereiche geteilt: Kopf, Brust und … .
c. Jedes Tier das auf … Beinen unterwegs ist, ist ein Insekt.
d. Insekten atmen nicht über Lungen, sondern über ein … .
e. Insekten haben in der Regel vier … an ihrer Brust. Bei Käfern sind zwei davon als schützende Decken ausgebildet.
f. Insekten haben keine Knochen, sonder ein Außenskelett aus … .
g. Wie alle Gliedertiere haben auch Insekten ein Nervensystem, das an eine … erinnert.
h. Am Kopf tragen die Insekten nicht nur Fühler (Antennen), sondern auch … , die zur Verteidigung und vor allem zur Nahrungsaufnahme dienen.
i. Insekten legen Eier, aus denen Larven schlüpfen. Bei der vollständigen Verwandlung (holometabole) gibt es, im Gegensatz zur unvollständigen Verwandlung ein … .
j. Neben Bienen, Wespen und Hummeln zählen auch … zu den Hautflüglern.
k. Bei diesen ursprünglichen Insekten laufen die vier großen Flügel gegenläufig, d. h. während das vordere Paar nach unten zeigt, deuten die hinteren Flügel nach oben.
l. Bei den … ist das letzte Beinpaar zu kräftigen Sprungbeinen umgewandelt.
m. Die Insektenkunde wird als … bezeichnet.

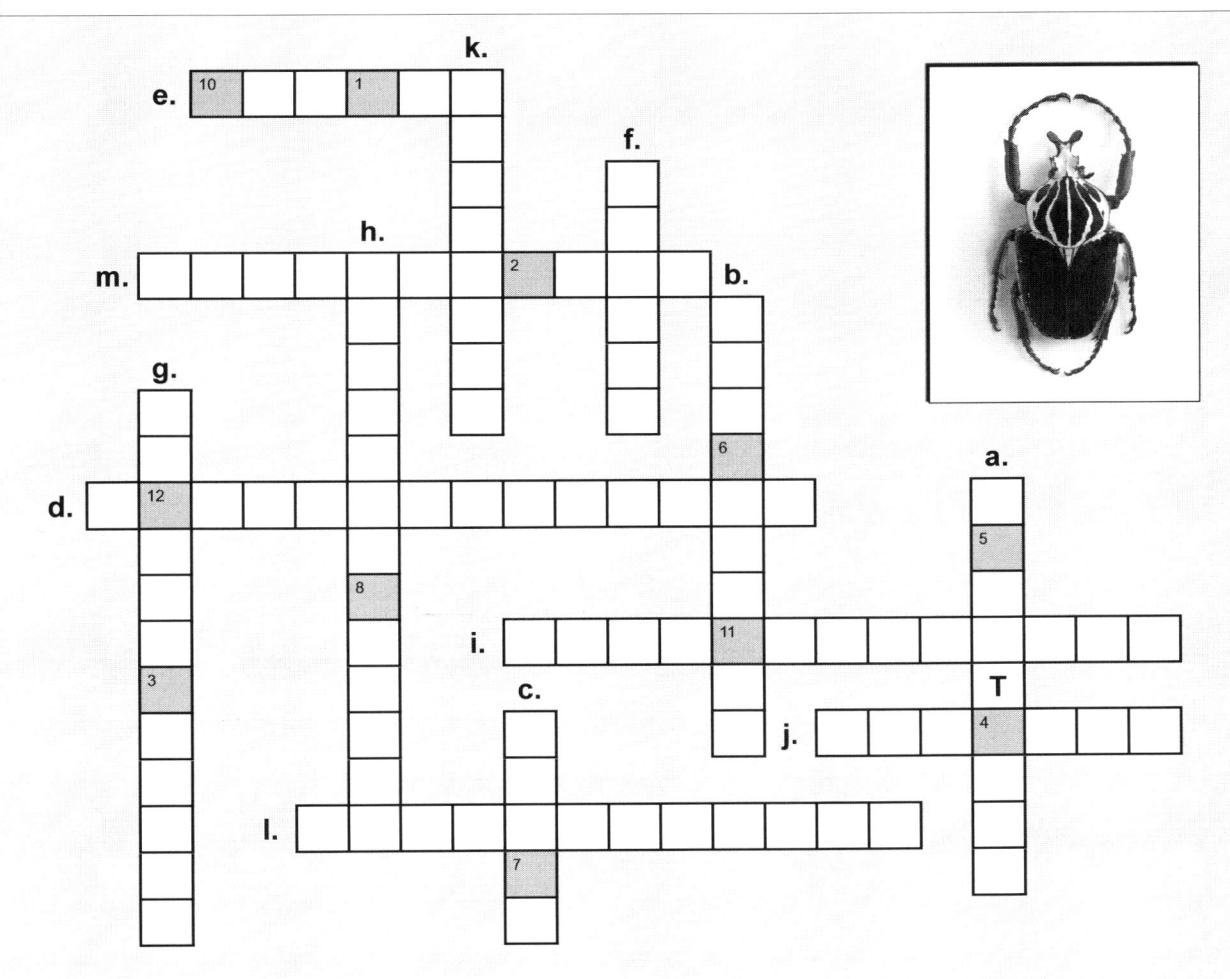

Der _ _ _ _ _ _ _ _ Ä _ _ _ _ gehört in die Familie der Rosenkäfer und ist der größte
      1 2 3 4 5 6 7 8 9 10 11 12

Käfer weltweit. Mit einer Körperlänge von 10 cm erreicht er die Größe einer Computermaus und mit einerm Gewicht von über 100 g ist er auch das schwerste Insekt überhaupt. Er lebt in den Regenwäldern Afrikas und ernährt sich von faulem Totholz. Seine 15 cm langen Larven dienten den Ureinwohnern als wichtige Eiweißquelle. Nach der Verpuppung lebt er noch etwa drei Monate.

XII Spinnen: 1. Bauplan

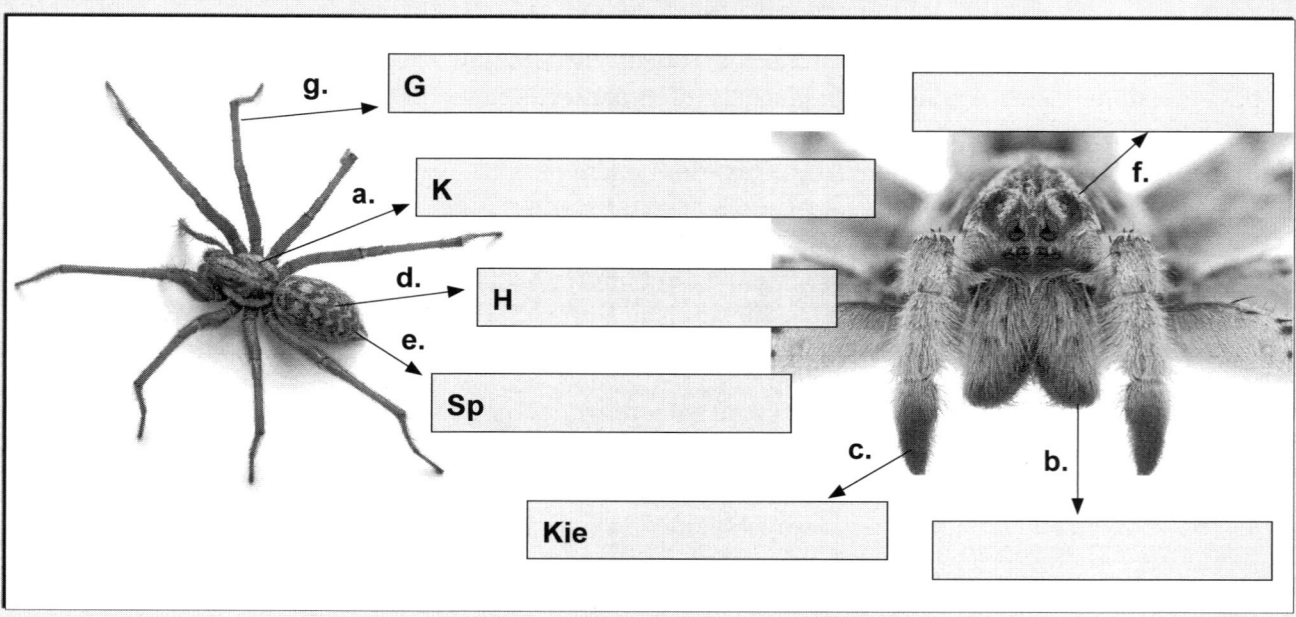

- g. → G
- a. → K
- d. → H
- e. → Sp
- c. → Kie
- f. →
- b. →

Generell sind alle Spinnen giftig, aber nur wenige können die menschliche Haut mit ihrem Biss durchdringen. Weltweit sind etwa 20 Arten für den Menschen gefährlich. Die gefährlichste Spinne in Deutschland ist der

____ ____ ____ ____ ____ ____ ____ ____ ____ ____
 1   2   3   4   5   6   7   8   9   10

(*Cheiracanthium punctorium*), dessen Biss zwar nicht tödlich, aber äußerst schmerzhaft ist. Die Tiere sind nachtaktiv und erreichen etwa 1,5 cm Körperlänge. Den Tag überdauert diese Spinne in krautiger Vegetation in ihren Ruhegespinsten.

Seite 24

XII Spinnen: 2. *Was zeichnet uns aus?*

a. Alle Spinnen sind giftig, aber nur wenige für den Menschen wirklich … .
b. Jede Spinne trägt acht … an ihrem Kopfbruststück (Cephalothorax).
c. Zu den Spinnentieren zählen auch die wärmeliebenden … , die mit ihrem Schwanzstachel auch Menschen gefährlich werden können.
d. Die größte Gefahr bei Vogelspinnen geht nicht von ihrem Biss aus, sondern von ihren … , die sie mit ihren Beinen abstreift.
e. Das Weibchen der Schwarzen … frisst nach der Begattung das Männchen auf.
f. Die meisten Spinnen haben acht, einige nur sechs … auf dem Kopf.
g. Spinnen atmen über … .
h. Webspinnen können mit Hilfe ihrer … am Hinterleib kunstvolle Netze spinnen.
i. Die Eier werden zumeist in einem … abgelegt.
j. Die Webspinnen geben das Spinnsekret aus ihren Spinndrüsen ab und kämmen einzelne Fäden mit Hilfe einer Bürste am hintersten … .
k. Junge Spinnen sehen ab der Geburt aus wie normale Spinnen, nur kleiner. Während der Wachstumsphase durchlaufen Spinnen mehrere … .
l. Ich gehöre in die Gruppe der Kugelspinnen und habe ein helles Plus auf dem Rücken.
m. Der Biss der Spinnen lähmt die Beute und beginnt die Beute aufzulösen. In diesem Zusammenhang spricht man von einer äußeren … .
n. Die menschliche Angst vor Spinnen wird als … bezeichnet.

Die __ __ __ __ __ __ __ __ __ __ __ __ __ (*Therophosa blondi*) gilt mit einer Körperlänge von bis
     1 2 3 4 5 6 7 8 9 10 11 12 13

zu 12 cm und einer Beinlänge von bis zu 30 cm als die größte Vogelspinne der Welt. Ausgewachsene Weibchen erreichen ein Gewicht von 200 g. Diese Spinne der Superlative ist größer als so mancher kleine Hund und so präsent, dass man sie gehen hören kann. Ihre Kieferklauen (Cheliceren) erreichen eine Länge von 2,5 cm und sie gilt als äußerst aggressiv und angriffslustig. Wenn sie sich bedroht fühlt, stößt sie ein fauchendes Zischen aus. Zum Glück ist ihr Gift für den Menschen nicht gefährlich, allerdings fühlt sich der Biss etwa so an, als bekäme man zwei gewöhnliche Nägel in die Hand gebohrt.

Seite 25

XIII Weichtiere: 1. Bauplan

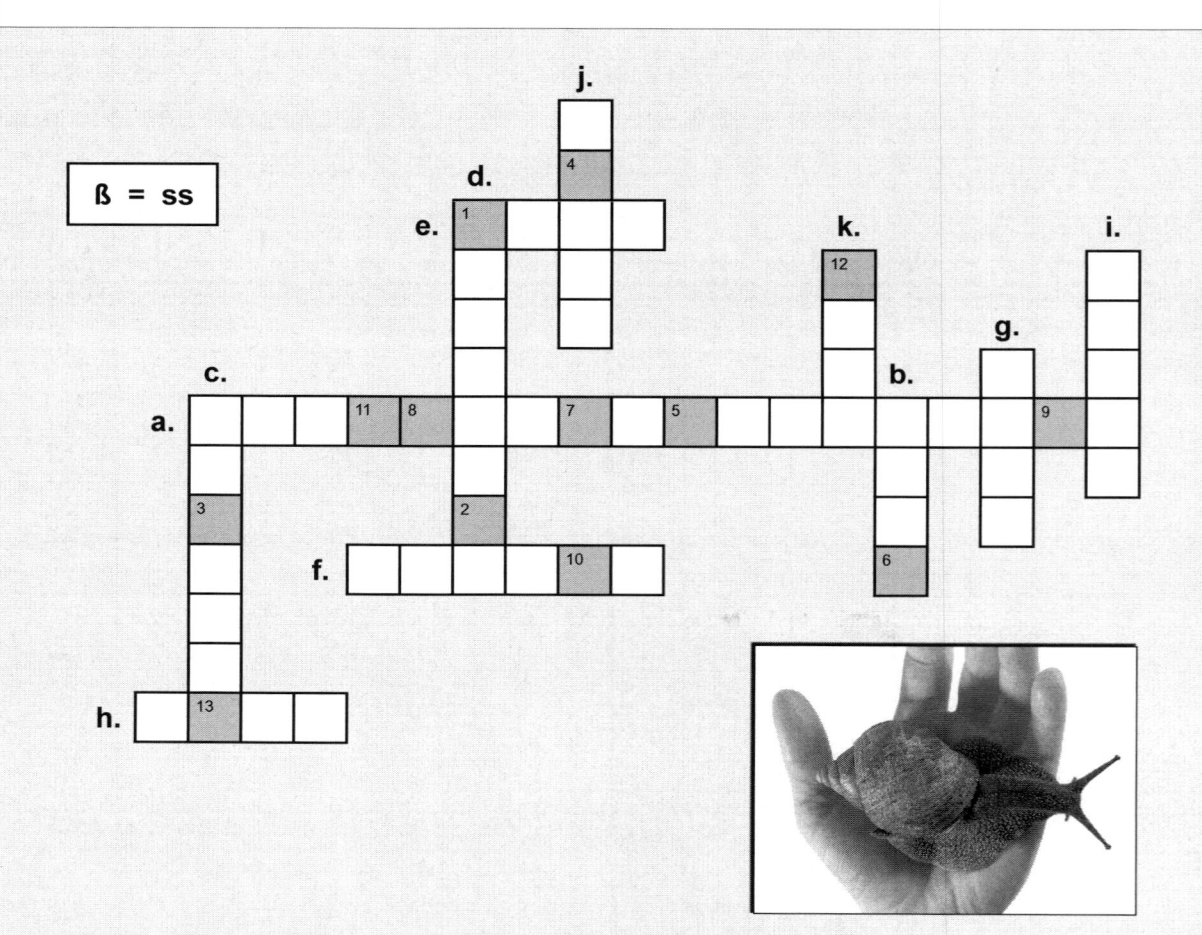

Hier siehst du eine Schemazeichnung einer Gehäuseschnecke.

- G
- M
- At
- F
- K
- Ge

ß = ss

Die ___ ___ ___ ___ ___ ___ ___ ___ ___ ___ ___ ___ ___ (dt. Afrikanische Riesenschnecke) ist die größte
  1 2 3 4 5 6 7 8 9 10 11 12 13

Landlungenschnecke der Welt. Alleine ihr Gehäuse erreicht eine stattliche Länge von 20 cm. Das Gehäuse ist konisch und läuft spitz zu und ist in der Regel im Uhrzeigersinn gedreht. Sie gilt in weiten Teilen Afrikas als wichtiger Fleischlieferant. Diese harmlosen Tiere erfreuen sich immer größerer Beliebtheit als Heimtiere, da sie zu den am leichtesten zu haltenden Terrarientiere zählen. Im Laufe der Zeit wird sie sogar handzahm. Sie ernährt sich rein vegetarisch.

Seite 26

XIII Weichtiere: 2. *Was zeichnet uns aus?*

a. Neben Schnecken und Kopffüßern sind ... typische Weichtiere.
b. Der Körper eines Weichtieres gliedert sich in Kopf, Fuß, Eingeweidesack und ... .
c. Im Eingeweidesack liegen die inneren ... .
d. Wasserlebende Weichtiere atmen über Kiemen, Landschnecken zum Beispiel über ... .
e. Weichtiere haben ein offenes ... mit einem Herzen.
f. Weichtiere haben ein zentrales Nervensystem mit einem ... .
g. Viele Weichtiere sind getrenntgeschlechtlich, manche Schnecken sind aber noch ... .
h. Bei Schnecken und Muscheln bildet der Mantel eine ... .
i. Tintenfische und Kalmare erkennt man an ihren ... Fangarmen.
j. Demgegenüber haben ... nur acht Tentakel (= Oktopoden).
k. Wenn ein Regenwurm entzweit wird, lebt nur der ... Körperteil weiter.
l. Muschelschalen bestehen im Gegensatz zu Schneckengehäusen aus *zwei* ... .

Der Badische __ __ __ __ __ __ __ __ __ __ __ __ __ __ __ (*Lumbricus badensis*) ist die größte
          1 2 3 4 5 6 7 8 9 10 11 12 13 14 15

Regenwurmart Europas und kommt nur in den Fichtenwäldern rund um den Feldberg in Baden-Württemberg vor. Mit einer Länge von 60 cm kann dieser stattliche Ringelwurm ein Alter von bis zu 20 Jahren erreichen.
Er lebt in höheren Lagen und spielt eine wichtige Rolle beim Abbau der sauren Fichtennadeln.
Er ist das einzige Tier überhaupt, das in der Lage ist, durch seine Lebensweise das Bodenprofil seines Reviers zu verändern.

Seite 27

XIV Bau der Blütenpflanzen (1)

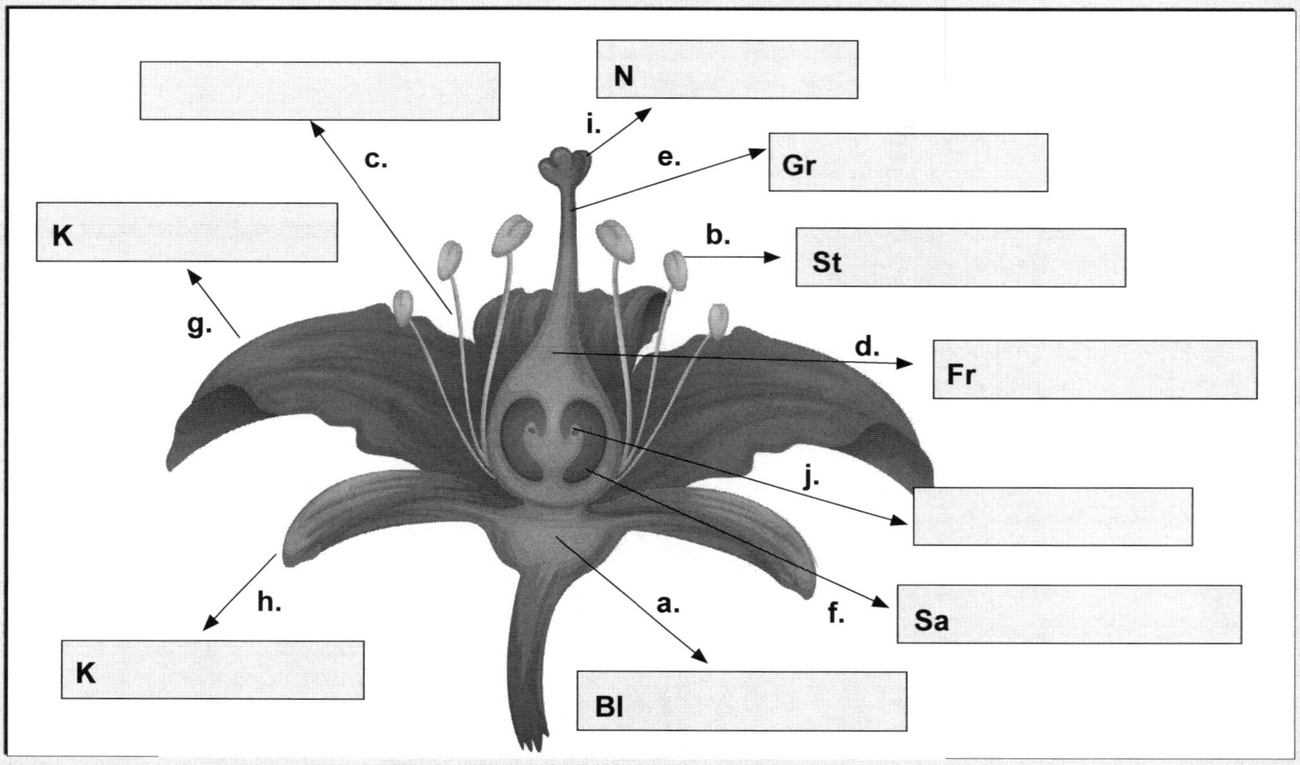

Der _ _ _ _ _ _ _ (1 2 3 4 5 6 7) (*Amorphophallus titanum*) ist eine auf SUMATRA heimische Pflanze aus der Familie der Aronstabgewächse. Sie ist die botanische Rekordhalterin mit der größten Blüte weltweit. Es wurden Blüten von bis zu 3 m Größe gemessen, allerdings ist der Anblick schöner als der Geruch. Die Blüte sondert einen Aasgeruch aus, der Aaskäfer und andere Insekten zur Bestäubung anlocken soll.

Kreuzworträtsel BIOLOGIE
5.-6. Schuljahr – Bestell-Nr. 11 906
KOHL VERLAG

XIV Bau der Blütenpflanzen (2)

a. Pflanzen sind Lebewesen, die sich durch ... selbst ernähren.
b. Welches Hauptprodukt entsteht bei der Fotosynthese?
c. Was benötigt eine Pflanze neben Licht und Wasser zum Überleben?
d. Welchen für die Pflanze unwichtigen Stoff scheidet sie als Abfallprodukt aus?
e. Die biologische Diziplin, die sich mit Pflanzen beschäftigt heißt...?
f. Eine Pflanze wird ganz allgemein geteilt in Wurzel und ...?
g. Mit Hilfe kleinster ... Nimmt die Wurzel Wasser aus dem Boden auf.
h. Alle grünen Teile einer Pflanze sind zur Fotosynthese fähig, weil sie den Blattfarbstoff ... in sich tragen.
i. Über die ...? erfolgt der Gasaustausch zwischen Pflanze und Umwelt.
j. Da sie keine Fotosynthese betreiben gehören ... nicht zu den Pflanzen.
k. Der Nährstoff- und Wassertransport innerhalb eines Pflanzenstängel erfolgt über die ... .
l. Die Wurzel hält die Pflanze, der Stängel stabilisiert und die Blätter ernähren sie. Wozu dienen dann die Blüten?
m. Das Reich der Pflanzen wird in vier Gruppen grob untergliedert: Algen, Farne, Samenpflanzen und ... .

Ä = AE

Der ___ ___ ___ ___ ___ ___ ___ ___ ___ ___ sieht hübsch aus, hat es aber in sich. Schon der Verzehr von
     1   2   3   4   5   6   7   8   9   10
etwa drei seiner Samen wirkt für den Menschen tödlich. Damit ist er die wahrscheinlich giftigste Pflanze der Welt. Das Gift sorgt für eine Verklumpung der roten Blutkörperchen. Nur das rechtzeitige Erbrechen kann den Esser retten, da ein Gegengift nicht bekannt ist. Das Gift dieser Pflanze heißt Ricin und fällt in Deutschland unter das Kriegswaffenkontrollgesetz.

Seite 29

XV Entwicklung bei Blütenpflanzen (1)

a. Die Bildung von … ist typisch für Blütenpflanzen.
b. Die … dienen der geschlechtlichen Fortpflanzung der Blütenpflanzen.
c. Die meisten Blüten tragen männliche und weibliche Blütenteile in sich, so auch die Kirschblüte. Diese Blütenpflanzen sind … .
d. Wenn Pollenkörner einer Blüte auf die Narbe einer anderen Blüte trifft, spricht man von … .
e. Viele Gräser sind nicht insektenblütig, sondern sie sind … .
f. Dieses Lockmittel produzieren vielen Blütenpflanzen, um Insekten anzulocken.
g. Wenn die Pollenkörner einer Blüte die Blüten an ein und derselben Pflanze bestäuben, spricht man von … .
h. Blütenpflanze und Blütenbesucher haben Vorteile voneinander, da ihre Wechselwirkungen für beide Partner vorteilhaft sind. Diese "win-win"-Situation nennt man … .
i. Nach der Bestäubung keimt das Pollenkorn aus und wandert durch den … zur Samenanlage im Fruchtknoten.
j. Wenn eine Spermazelle aus dem Pollenkorn mit der Eizelle verschmilzt, nennt man das … .

Eines der beeindruckendsten Beispiele einer Coevolution bei Blütenpflanzen und Blütenbesuchern ist die _ _ _ _ _ _ _ , eine Orchideenart. Sie kommt hauptsächlich rund ums Mittelmeer vor.
  1 2 3 4 5 6 7

Zur Bestäubung locken die Blüten durch die Produktion von Duftstoffen und einem besonderen Aussehen männliche Hummeln an. Die Blüte ist so gestaltet, dass sie in ihrem Aussehen dem Hinterleib einer weiblichen Hummel ähnelt. Beim Versuch der Kopulation mit den Blüten übertragen die Hummelmännchen die erwünschten Pollen.

Seite 30

XV Entwicklung bei Blütenpflanzen (2)

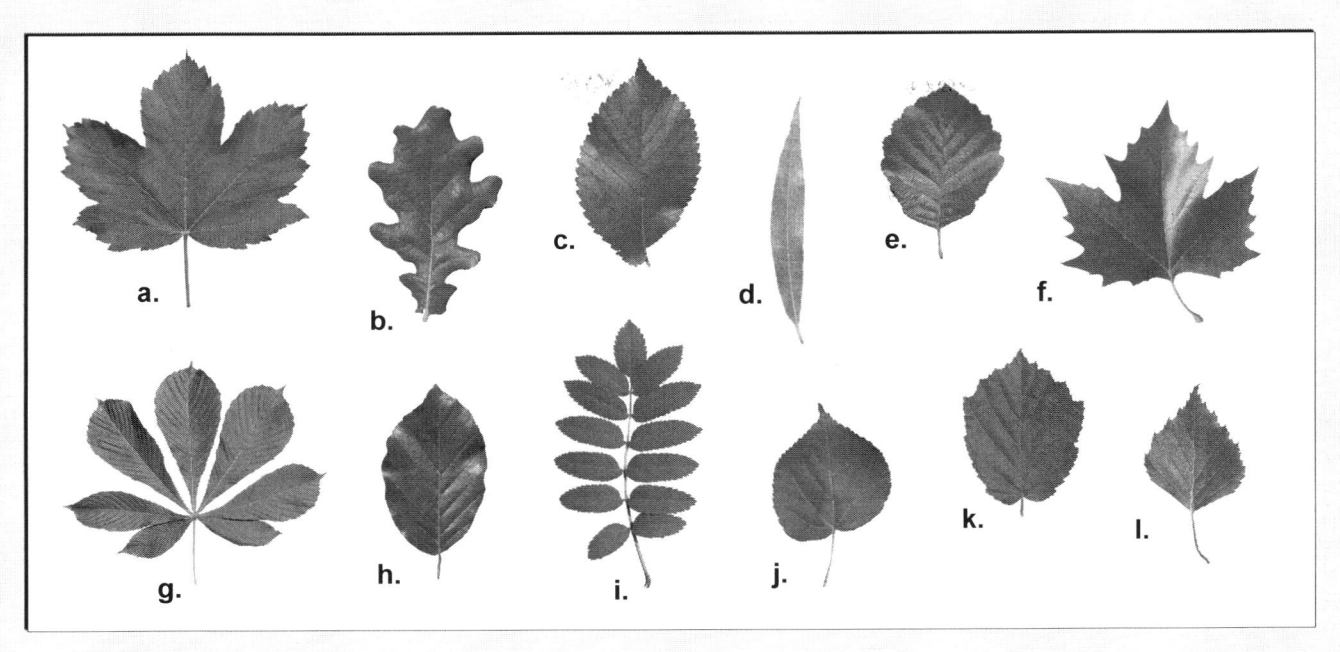

Die größten Bäume der Erde sind die Riesenmammutbäume (Sequoiadendron giganteum). Der größte und voluminöseste unter ihnen wurde auf den Namen General _ _ _ _ _ _ _ _ _ _ _ (1 2 3 4 5 6 7 8 9 10 11) getauft und steht im Giant Forrest Nationalpark im US-amerikanischen Kalifornien. Das Alter dieses Baumes wird auf 2.500 Jahre geschätzt. Er misst über 83 m Höhe und hat etwa zwei Meter über dem Boden einen Stammdurchmesser von 8,25 m. Das bedeutet, dass man rund 26 Meter laufen muss, um den Stamm einmal zu umrunden.

Seite 31

XVI Moose, Farne, Algen und Flechten

a. Farne gehören zu den … und sind die Schwestergruppe der Samenpflanzen.
b. Moose sind Landpflanzen, haben aber keine echten … .
c. Moose unterteilt man in Laubmoose und … .
d. Moose besiedeln sehr karge, nährstoffarme Habitate (Baumrinde, Felsen u. Ä.), weil sie sich gegen andere Pflanzen nicht durchsetzen können. Sie sind … .
e. Die Farnpflanzen unterteilt man in Echte Farne, Bärlappen und … .
f. Die Kugeln auf der Blattunterseite der Farne werden als Sori bezeichnet und dienen der … .
g. Farne und Moose lieben schattige und … Lebensräume.
h. Das Moos an Baumstämmen zeigt immer nach … , weil aus dieser Richtugn die meiste Feuchtigkeit und relativ wenig Sonne auf den Baum fällt.
i. Flechten sind ein Doppellebewesen, bestehend aus Pilzgeflecht und … .
j. Da bei Flechten sowohl der Pilz, als auch die Alge vom Vorhandensein des jeweils anderen Partners profitiert, spricht man bei dieser "win-win"-Situation von … .
k. Algen sind nicht mehr in Wurzel und … gegliedert.
l. Algen teilen sich wiederum in vier Gruppen auf: einzellige Algen, Kugelalgen, Fadenalgen und flächig ausgeprägte … .

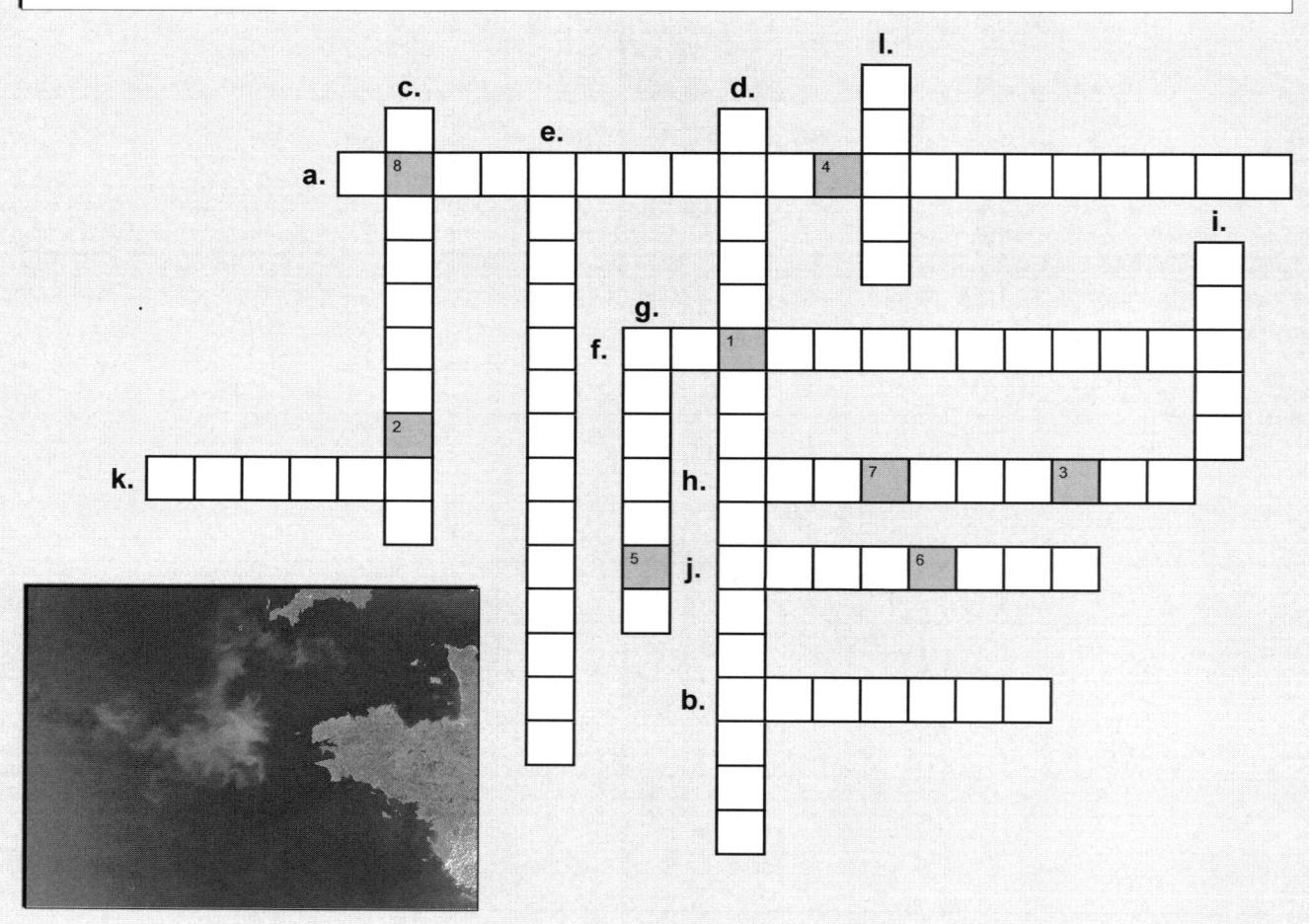

Als __ __ __ __ __ __ __ __ bezeichnet man eine gelegentlich auftretende Algenblüte in den
     1 2 3 4   5 6 7 8

Ozeanen, hervorgerufen durch eine plötzliche Vermehrung von Algen. Das Wasser wird auf mehreren Quadratkilometern trübe. Durch das zusätzliche Ausscheiden giftiger Stoffe durch die Algen kann dieser Bereich als Todeszone bezeichnet werden. Immer wieder stranden tote Wale an Meeresküsten, nachdem sie durch ein solches Algenfeld hindurchgeschwommen und dabei verendet sind.

XVII Pilze

a. Pilze sind nicht grün, weil sie keinerlei ... enthalten, wie es bei Pflanzen der Fall ist.
b. Im Gegensatz zu Pflanzen können Pilze keine ... betreiben.
c. Pilze bilden neben Pflanzen und Tieren ein eigenes biologisches ... .
d. Die Zellwand der Pilze enthält ... , genau wie bei manchen Wirbellosen.
e. Es gibt einzellige Pilze, die sogenannten ... .
f. Mehrzellige Pilze werden unterteilt in Hutpilze und ... .
g. Hutpilze unterteilt man wiederum in Röhren- oder ... .
h. Der eigentliche Pilzkörper besteht aus ... .
i. Wenn wir Pilze essen, dann essen wir eigentlich nicht den Pilz, sondern dessen ... .
j. Die Wissenschaft von den Pilzen ist die ... .
k. Manche Pilze werden auch für medizinische Zwecke benutzt. So wird das Antibiotikum ... von einem Schimmelpilz gewonnen.
l. Parasitisch lebende Pilze werden als ... bezeichnet.

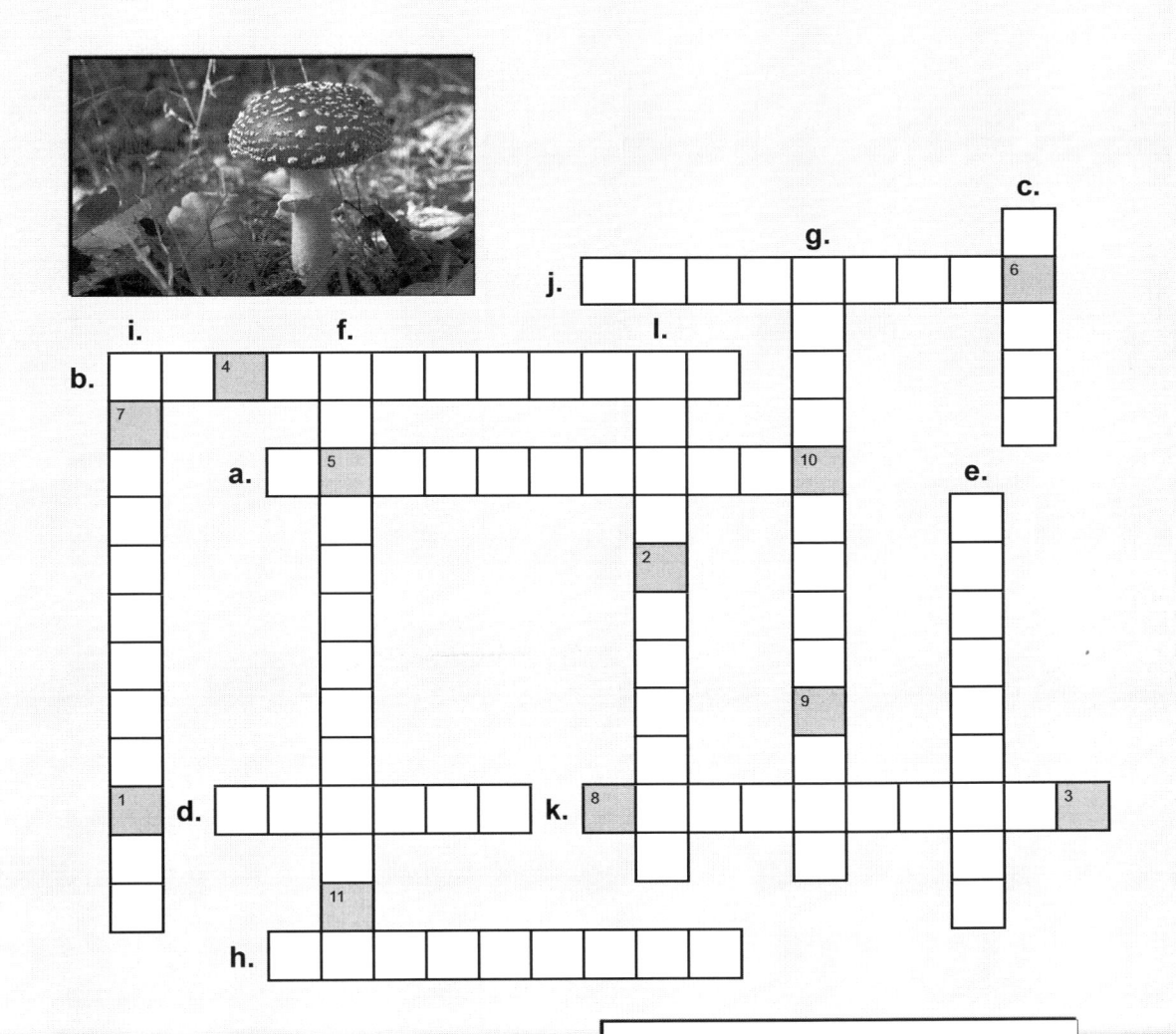

Einer der giftigsten Pilze in unseren Wäldern ist der __ __ __ __ __ __ __ __ __ __ __ (Amanita pantherina). Dieser Pilz hat einen braunen, 1 2 3 4 5 6 7 8 9 10 11 mit weißen Flocken besetzten Hut, beringte, weiße Stiele und eine verdickte Knolle am unteren Ende. Die Unterseite des Hutes zieren helle, dicht stehende Lamellen. Etwa 100 g Frischpilz genügt, um einen Menschen tödlich zu vergiften.

XVIII Lebewesen im Jahreslauf

a. In 150. Mio. Kilometer Entfernung zur Erde befindet sich die … .
b. Je mehr Sonnenstrahlen eine Region der Erde erreichen, desto … wird es dort.
c. Eine der ersten Pflanzen, die im Frühjahr erblüht, ist das weiße … .
d. Die Amsel ist ein Vogel, der das ganze Jahr über bei uns bleibt. Man nennt solche Vögel … .
e. Im Gegensatz zur Amsel ziehen andere Vögel über die Wintermonate in wärmere Gegenden. Diesen … kann man im Spätherbst häufig am Himmel beobachten.
f. Murmeltier, Igel oder Haselmaus verbringen den Winter in ihrem Bau, fahren ihre Körpertemperatur und ihren Stoffwechsel sehr stark zurück und halten … .
g. Dachse, Eichhörnchen und Waschbären verbringen auch die meiste Zeit des Winters in ihren Höhlen und schlafen. Allerdings bleibt ihre Körpertemperatur nahezu unverändert und sie wachen auch regelmäßig auf um sich zu ernähren. Sie halten die sogenannte … .
h. Wechselwarme Tiere sind von der Umgebungstemperatur abhängig. Im Winter fallen Tiere wie Frösche, Eidechsen oder Schnecken in eine … .
i. Eines der ersten Insekten an den ersten Frühlingstagen ist die … . Durch ihr dickes Fell und ihre Muskelwärme kann sie sich besser gegen die Kälte schützen als andere Insekten.
j. Aufgrund der kürzer werdenden Tage verfärben sich im Herbst die … unserer Bäume.
k. Die … ist der einzige Nadelbaum Mitteleuropas, der im Winter seine Nadeln abwirft.
l. Bäume legen im Winter einen Wachstumsstopp ein. Das wird an den … sichtbar.

Eines der extremsten Beispiele für einen Winterschläfer stellt der _ _ _ _ _ _ _ _ _ _ dar.
1 2 3 4 5 6 7 8 9 10
Trotz extremster Bedingungen in den Wintermonaten in seiner Heimat Alaska überlebt das Tier in seiner Höhle. Dabei schläft es ein halbes Jahr durch, ohne einmal zu fressen, zu trinken oder auch nur zu pinkeln. Sobald der Winter vorbei ist, erwacht das Tier wieder und ist sofort bei vollen Kräften ohne Mangelerscheinungen oder Muskelabbau.

Seite 34

XIX Die Ordnung der Pflanzen

a. Die geschätzten 400.000 Pflanzenarten auf der Welt muss man in Kategorien einteilen, sonst kann man nicht den Überblick behalten. Man muss sie also … .

b. Die Einordnung einer Pflanzenart in eine Gruppe hängt von deren … ab.

c. Baum, Strauch oder Kraut bezeichnet die unterschiedliche … der Pflanze.

d. Bei Samenpflanzen lässt sich die Verwandtschaft am besten am Bau der … feststellen.

e. Nach der Lage der Samenanlage lassen sich zwei Großgruppen unterscheiden. Bei den … liegen die Samenanlagen ohne schützenden Fruchtknoten zwischen schuppigen Blättern.

f. Die Schwestergruppe der Nacktsamer sind die … .

g. Der botanische Namen Trachycarpus fortunei bezeichnet die Chinesische Hanfpflanze. Dabei steht der Namenteil Trachycarpus für die Bezeichnung der … .

h. Die Bezeichnungen „rundlich, eiförmig, lanzettlich, geöhrt, gelappt oder gefiedert" beschreiben mögliche … bei Pflanzen.

i. Die Bezeichnungen „grundständig, wechselständig, gegenständig oder quirlständig" beschreiben mögliche … bei Pflanzen.

j. Zur Feststellung einer Art dienen … , bei denen unter Zuweisung einer Nummer ein Merkmalspaar betrachtet wird. Es gibt bei jedem Merkmal nur zwei Mögliche Ausprägungen.

k. Helianthus annuus ist der bekanntest Vertreter der Korbblütengewächse. Diese Blume kann mehrere Meter hoch werden und trägt eine tellergroße Blüte mit gelben Zungenblüten von bis zu 10 cm Länge. Wie heißt diese Blume?

l. Erdbeere, Apfel und Zwetschge sind drei Vertreter der Familie der … .

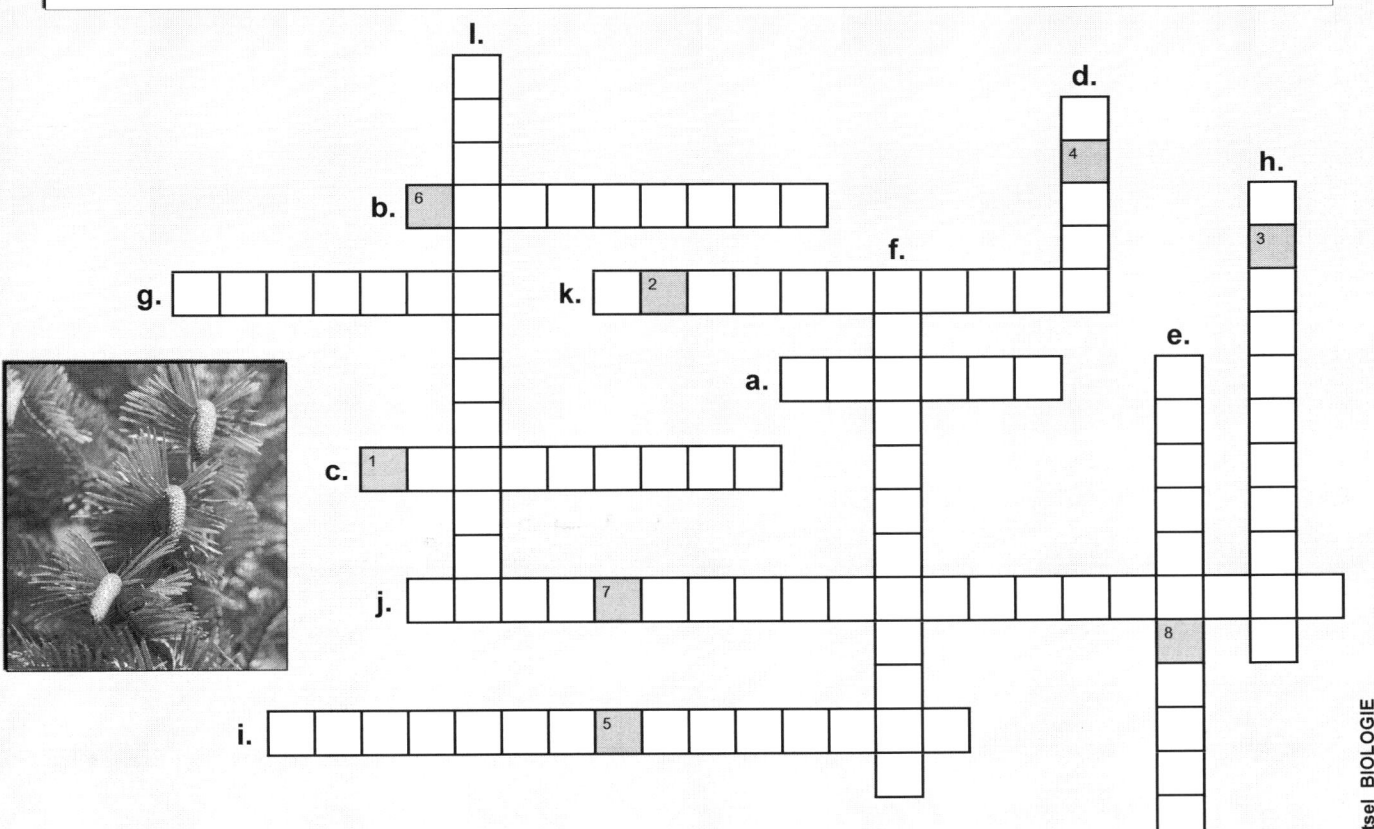

Eine botanische Sensation ereignete sich im Jahr 1994 in Australien. In einem entlegenen und nur schwer zugänglichen Canyon in den Blue Mountains wurden mehrere Exemplare des immergrünen Nadelbaumes _ _ _ _ _ _ _ _ (1 2 3 4 5 6 7 8) aus der Familie der Araukariengewächse gefunden. Diese Pflanzen waren bisher nur als Fossilien bekannt und galt als seit 65 Mio. Jahren ausgestorbene Pflanze. Insgesamt fand man 100 Bäume dieser Art, die wahrlich als lebendes Fossil bezeichnet werden kann.

Seite 35

Die Bedeutung der Pflanzen für den Menschen

a. … ist heute die wichtigste und unverzichtbare Grundlage unserer Ernährung.

b. Vor 10.000 Jahren begannen unsere Vorfahren damit, Viehzucht und Ackerbau zu betreiben. Dadurch konnten sie dauerhaft sesshaft werden. Man nennt diesen bedeutenden Schritt … .

c. Der Anbau von … macht annähernd die Hälfte des weltweiten Getreideanbaus aus.

d. Die Blütenstände der Getreidepflanzen bezeichnet man als … .

e. In Afrika wird vor allem … angebaut und gegessen.

f. In den feuchten Gebieten Asiens wächst der … , eine der Hauptnahrungsmittel in Asien.

g. Nur durch die europäischen Eroberer in Amerika kamen diese Knollenfrüchte erst nach Europa.

h. Wenn der Bauer stets nur die größten und ertragreichsten Pflanzen für die nächste Saat auswählt, dann nennt man dieses Vorgehen … .

i. An der Ähre vieler Getreidearten wachsen neben den Körnern auch lange, dünne „Haare", die sogenannten … .

j. Viele biologische Strukturen dienen Technik und Wissenschaft als Vorbild. Die wissenschaftliche Disziplin, die sich mit der technischen Umsetzung biologischer Phänomene befasst, heißt … .

k. Der … beschreibt eine aus der Botanik übernommene Technik der Oberflächenbehandlung, bei der sich kein Dreck anlagern kann.

l. In Amerika dient der … als wichtiges Nahrungsmittel. Aus ihm wird aber auch hochprozentiger Alkohol destilliert.

m. Unsere heutigen Getreidearten gehen evolutorisch alle auf … zurück.

Eine der kuriosesten Pflanzen unserer Erde ist _ _ _ _ _ _ _ tasmanica, ein Vertreter der Silberbaumgewächse und, wie der Name schon sagt, in Tasmanien zu Hause. Von dieser Art existiert nur eine einzige Pflanze! Die hat es aber in sich. Die strauchförmige Pflanze besteht aus etwa 500 Schösslingen, die auf einer Gesamtfläche von über 1 Quadratkilometer verteilt sind. Ihr Alter wird auf sagenhaft 43.600 Jahre geschätzt! Somit vereint dieser Exot drei Extreme auf einmal: es ist das größte, seltenste und älteste Lebewesen auf der Erde. Der genaue Standort wird zum Schutz der Pflanze geheim gehalten.

XXI Fortpflanzung und Entwicklung des Menschen (1)

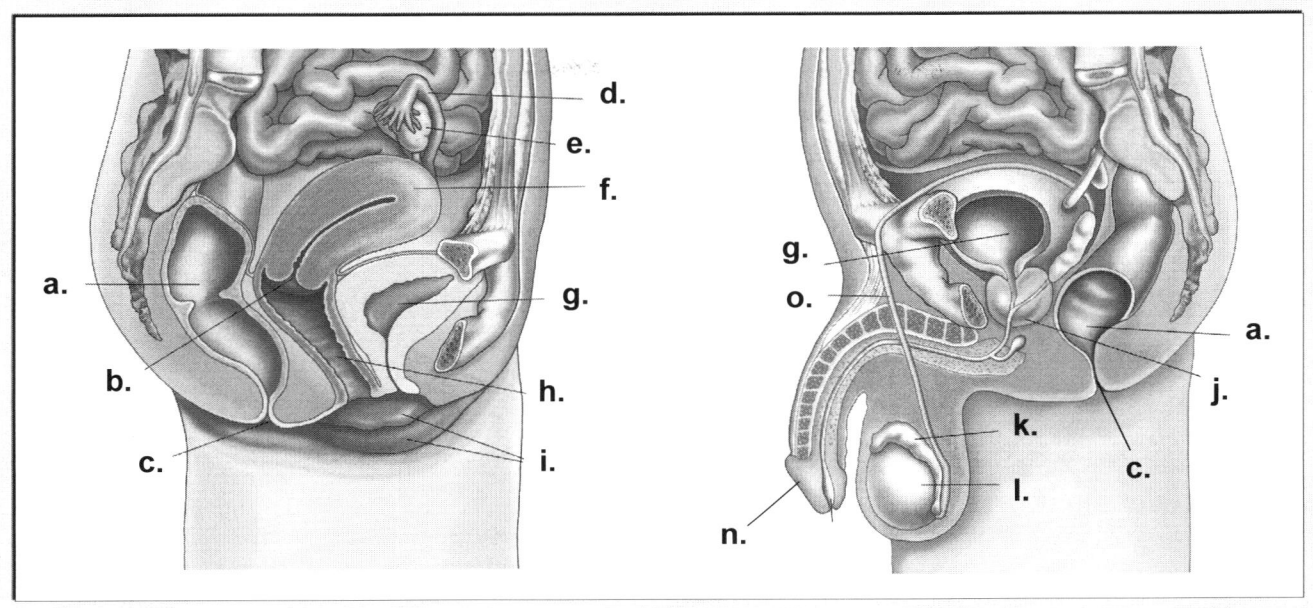

Im Leben aller Menschen gibt es eine aufregende, zumeist spannende Zeit der körperlichen und geistigen Veränderung. Die ⎕⎕⎕⎕⎕⎕⎕⎕ umfasst einen Entwicklungszeitraum von vier bis sechs Jahren und beginnt im 1 2 3 4 5 6 7 8 Alter zwischen neun und vierzehn Jahren. Im Verlauf dieser Entwicklung erfolgt die Geschlechtsreife, das bedeutet, dass im Hoden der Jungen von nun an bis ans Lebensende Geschlechtszellen, in diesem Falle Spermien, gebildet werden. In den Eierstöcken der Mädchen reifen nun ebenfalls Geschlechtszellen, die Eizellen, heran. Neben körperlichen Veränderungen wie Bartwuchs oder Brustwachstum durchlaufen wir Menschen nun auch eine Zeit, in der unser Gehirn sich komplett neu „programmiert". Aus dem Kind wird nun nach und nach ein erwachsener Mensch.

Seite 37

XXI Fortpflanzung und Entwicklung des Menschen (2)

a. Die Wanderung der Eizelle durch den Eileiter in Richtung Gebärmutter nennt man … .
b. Die Eizellen der Frau reifen in den … und benötigen dafür durchschnittlich 28 Tage.
c. Eine unbefruchtete Eizelle stirbt ab und wird ausgeschieden. Diesen Vorgang nennt man … .
d. Ungeschützter Geschlechtsverkehr kann zu einer … führen.
e. Gelangen Spermien in die Scheide, so wandern sie sogleich Richtung … .
f. Die Spermien werden in den männlichen … gebildet. Pro Samenerguss werden durchschnittlich 300 Mio. Spermien freigesetzt.
g. Das schnellste Spermium dringt in die Eizelle ein und verschmilzt sich mit ihr. Es bildet sich eine … .
h. Sobald sich die befruchtete Eizelle in der Gebärmutterschleimhaut festgesetzt hat, spricht man von einem … .
i. In der Gebärmutter bildet sich die … , die den Embryo umgibt, vor Erschütterungen beschützt und ihn wärmt.
j. Nach drei Monaten spricht der Mediziner nicht mehr von einem Embryo, sondern einem … .
k. Die Ernährung des Embryos erfolgt über den Mutterkuchen, der auch … genannt wird..
l. Über die … ist das ungeborene Kind mit der Mutter verbunden.
m. Durchschnittlich 266 Tage nach der Befruchtung setzen krampfartige Kontraktionen der muskulösen Gebärmutterwand, die sogenannten … bei der werdenden Mutter ein.
n. Für gewöhnlich kommen Babys mit dem Kopf voran auf die Welt. Gelegentlich ist eine normale Geburt nicht möglich, dann erfolgt eine Sektio caesarea, also ein … .

Vertrauen, Ehrlichkeit, gegenseitige Achtung und Verständis sind Grundvoraussetzungen für eine partnerschaftliche Beziehung. Liebe und Sexualität müssen verantwortungsvoll gelebt werden. Um eine ungewollte Schwangerschaft zu verhindern, sollten Partner offen über das Thema Empfängnisverhütung reden. Es ist nicht so, dass immer automatisch das Mädchen „daran denken muss". Es stehen viele Verhütungsmittel zur Verfügung, bei denen das ⬚⬚⬚⬚⬚⬚ (1 2 3 4 5 6) bei korrekter Anwendung den Vorteil hat, dass es nicht nur vor ungewollter Schwangerschaft, sondern auch vor sexuell übertragbaren Krankheiten schützt. Hinzu kommt, dass sie relativ günstig und rezeptfrei erhältlich sind.

Seite 38

Die Lösungen

I Biologie – die Lehre des Lebens (1)

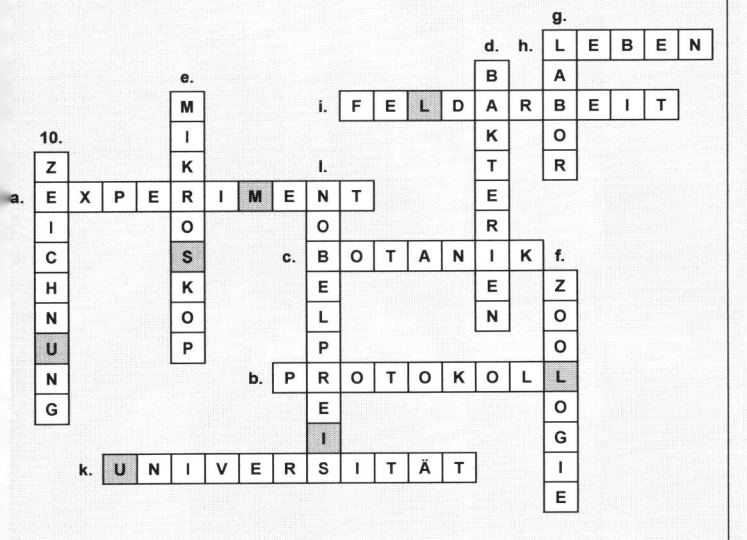

Lösungswort: LIMULUS

I Biologie – die Lehre des Lebens (2)

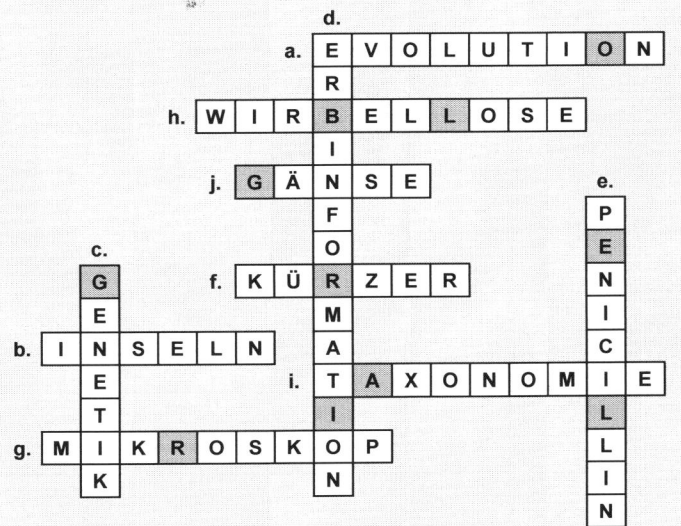

Lösungswort: BERGGORILLA

II Die Haustiere des Menschen (1)

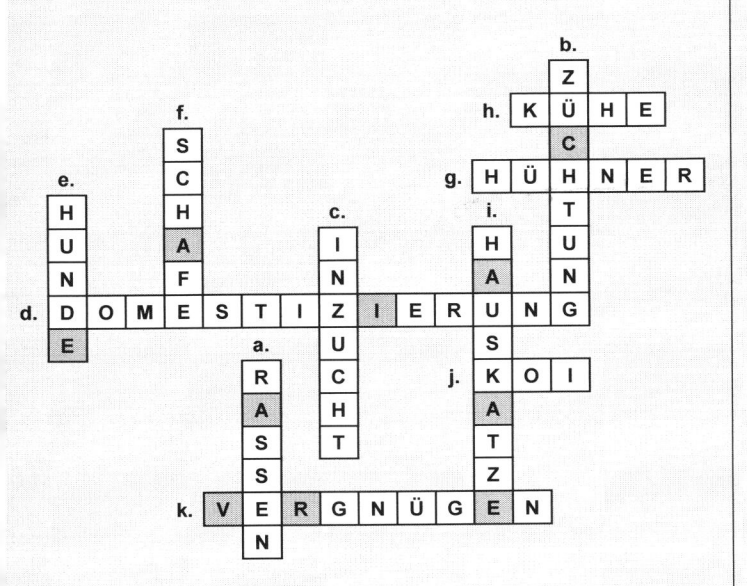

Lösungswort: CAVIA APEREA

II Die Haustiere des Menschen (2)

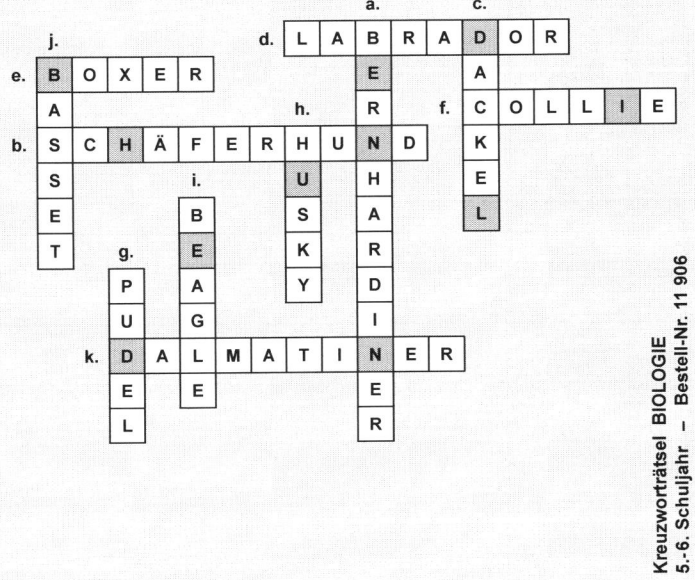

Lösungswort: BLINDENHUNDE

Die Lösungen

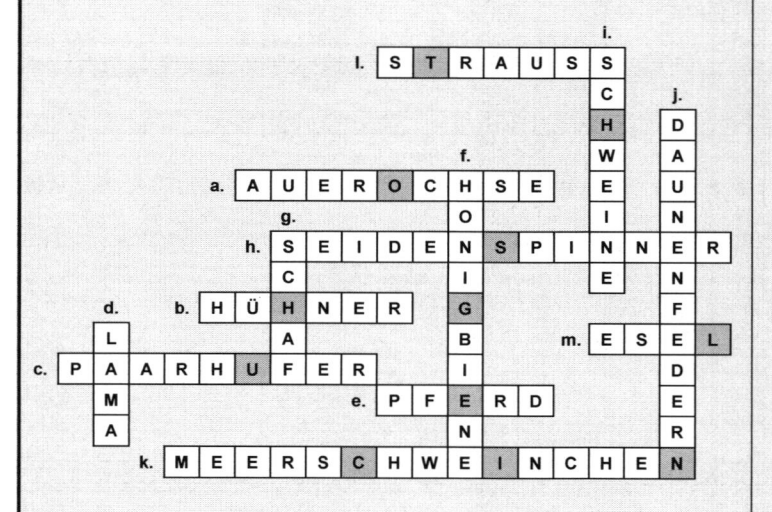

III Nutztiere

(Kreuzworträtsel mit Lösungen:)
- l. STRAUSS
- a. AUEROCHSE
- h. SEIDENSPINNER
- b. HÜHNER
- c. PAARHUFER
- d. LAMA
- e. PFERD
- m. ESEL
- k. MEERSCHWEINCHEN
- f. OCHSE
- g. SCHAF
- i. SCHWEINER
- j. DAUNEN
- Weitere: BIENE, RINDER

Lösungswort: HOCHLEISTUNG

IV Säugetiere (1)

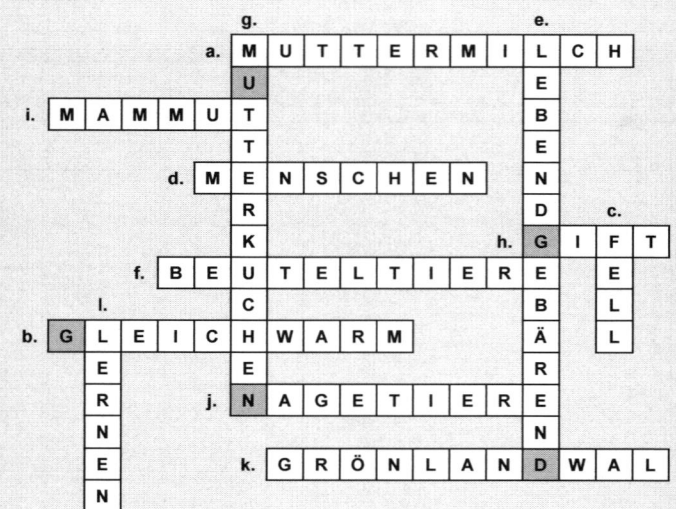

- a. MUTTERMILCH
- i. MAMMUT
- d. MENSCHEN
- f. BEUTELTIERE
- h. GIFT
- b. GLEICHWARM
- j. NAGETIERE
- k. GRÖNLANDWAL
- Weitere: UTTERK, LEBEND, GELL, EISBÄREN, LERNEN

Lösungswort: DUGONG

IV Säugetiere (2)

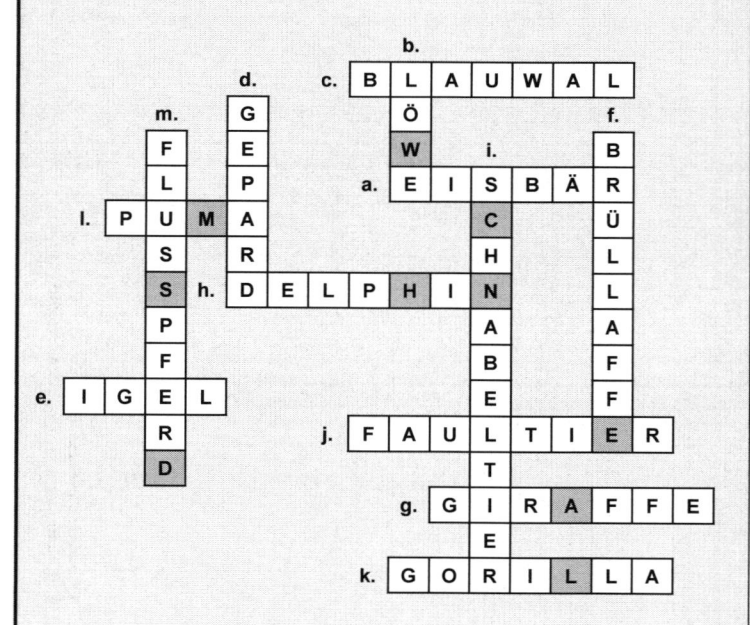

- c. BLAUWAL
- a. EISBÄR
- l. PUMA
- h. DELPHIN
- e. IGEL
- j. FAULTIER
- g. GIRAFFE
- k. GORILLA
- Weitere: FLEDERMAUSSPFERD, GEPARD, WÖLFE, BÜFFEL, NASHORN, CHIN

Lösungswort: WALDMENSCH

V Vögel (1)

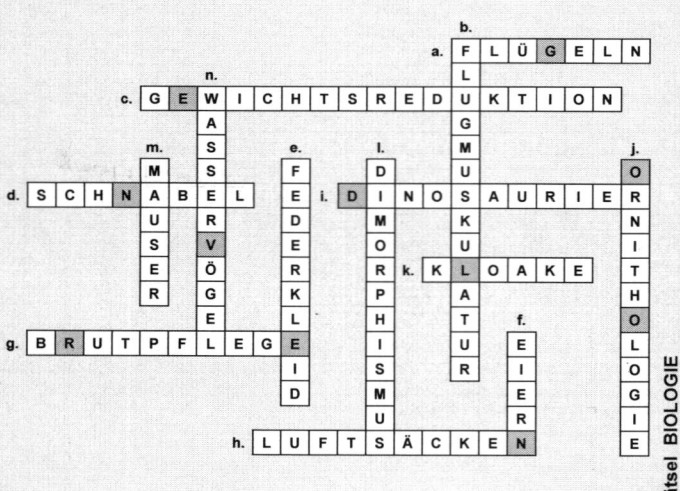

- a. FLÜGELN
- c. GEWICHTSREDUKTION
- d. SCHNABEL
- i. DINOSAURIER
- k. KLOAKE
- g. BRUTPFLEGE
- h. LUFTSÄCKEN
- Weitere: FLUGMUSKULATUR, NASSER, MÄUSER, FEDERKLEID, VOGEL, ORNITHOLOGIE, EIER

Lösungswort: DONNERVOGEL

Seite 40

Die Lösungen

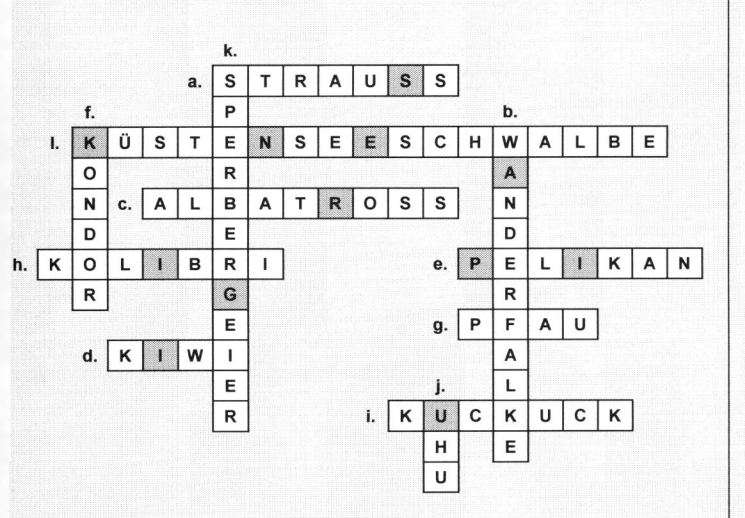

V Vögel (2)

Lösungswort: KAISERPINGUIN

VI Reptilien (1)

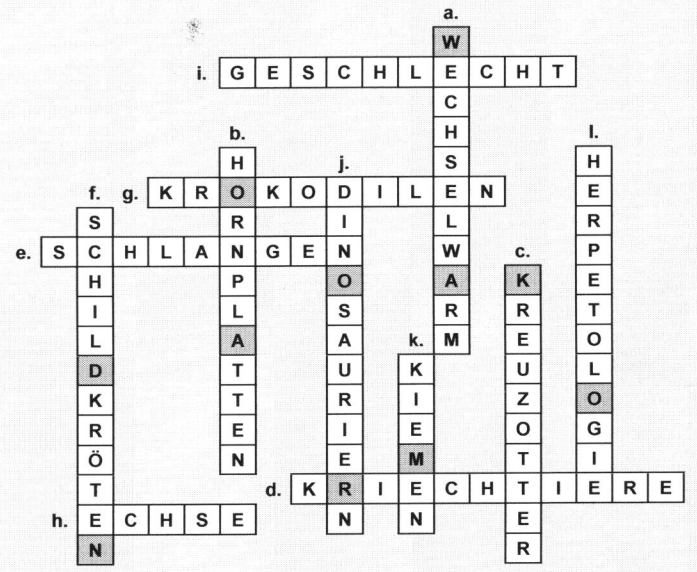

Lösungswort: KOMODOWARAN

VI Reptilien (2)

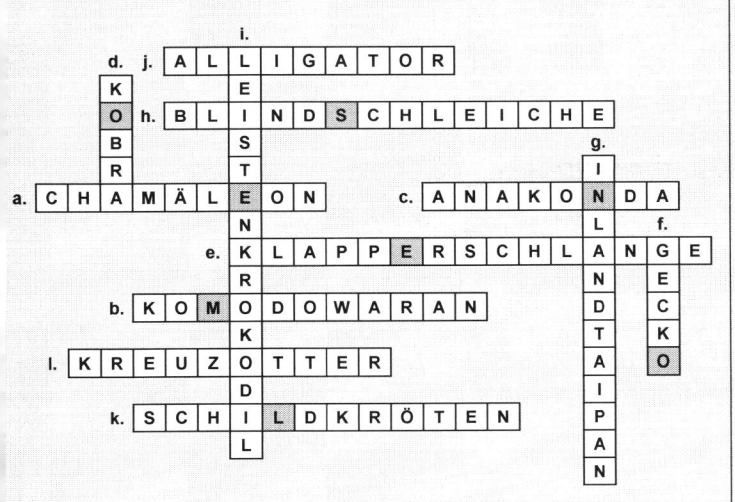

Lösungswort: LONESOME

VII Amphibien (1)

Lösungswort: RIESENSALAMANDER

Seite 41

Die Lösungen

VII Amphibien (2)

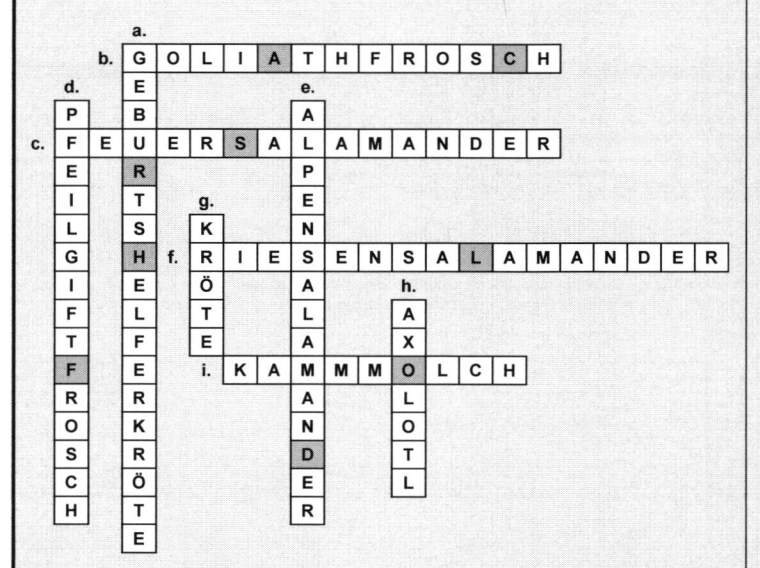

Lösungswort: WALDFROSCH

VIII Fische (1)

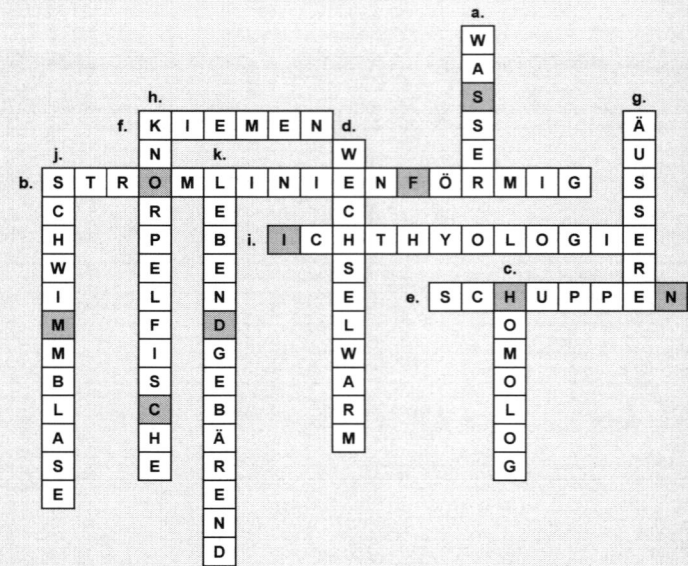

Lösungswort: MONDFISCH

VIII Fische (2)

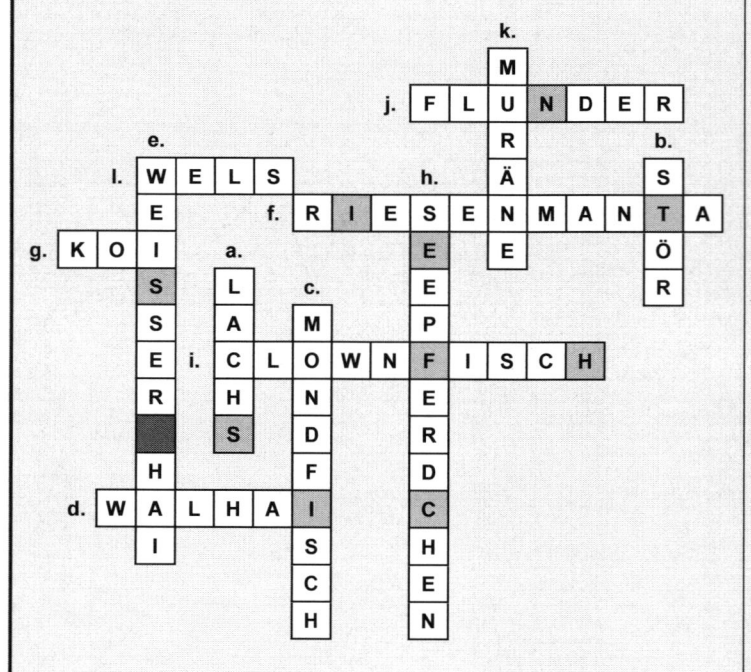

Lösungswort: STEINFISCH

IX Systematik der Wirbeltiere

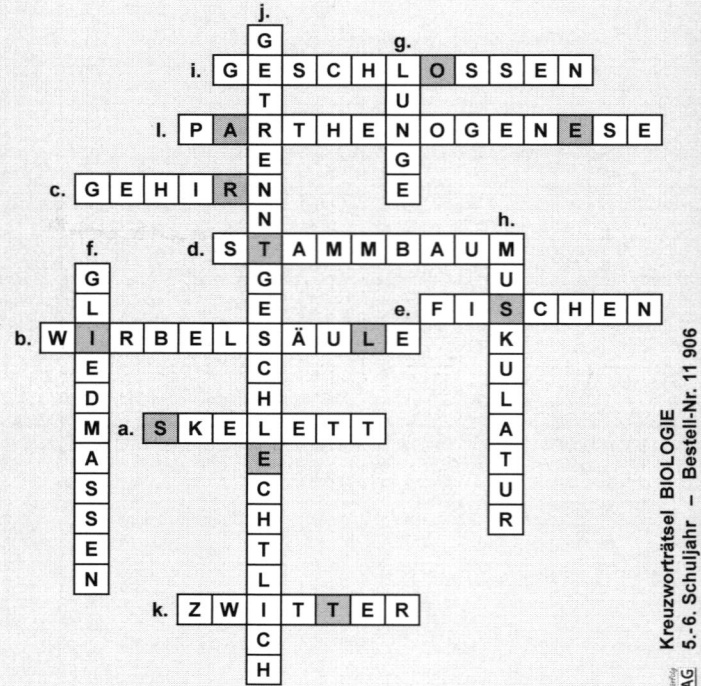

Lösungswort: ARISTOTELES

Seite 42

Die Lösungen

X Biologische Prinzipien

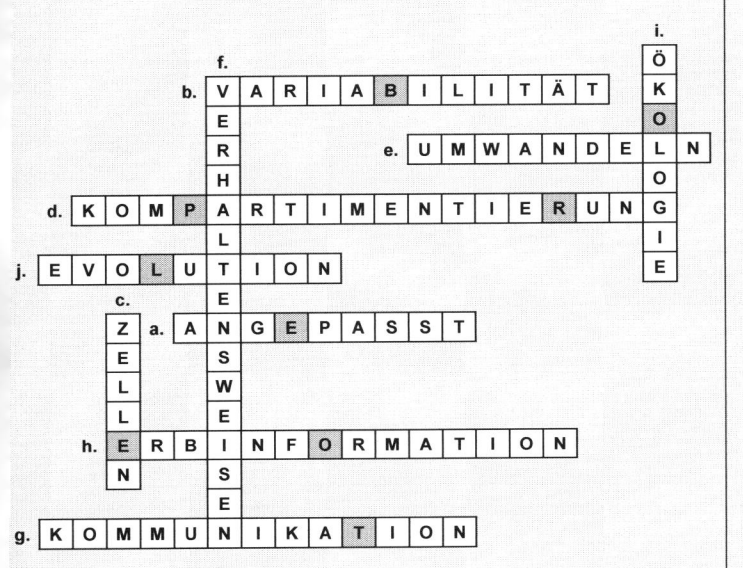

Lösungswort: PERLBOOTE

XI Insekten (1)

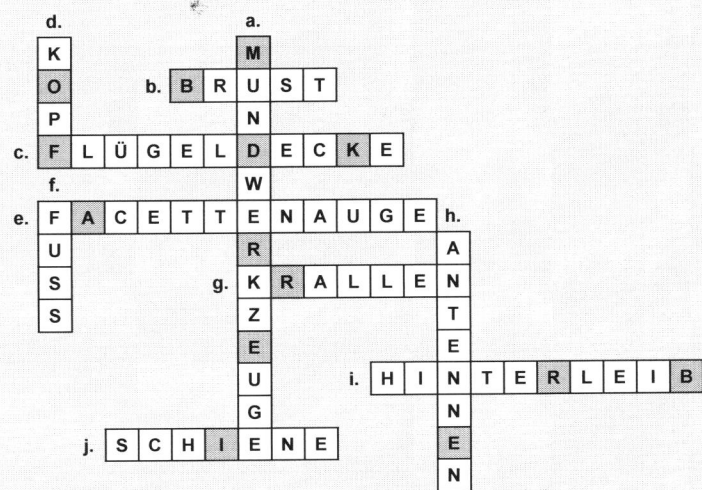

Lösungswort: BOMARDIERKÄFER

XI Insekten (2)

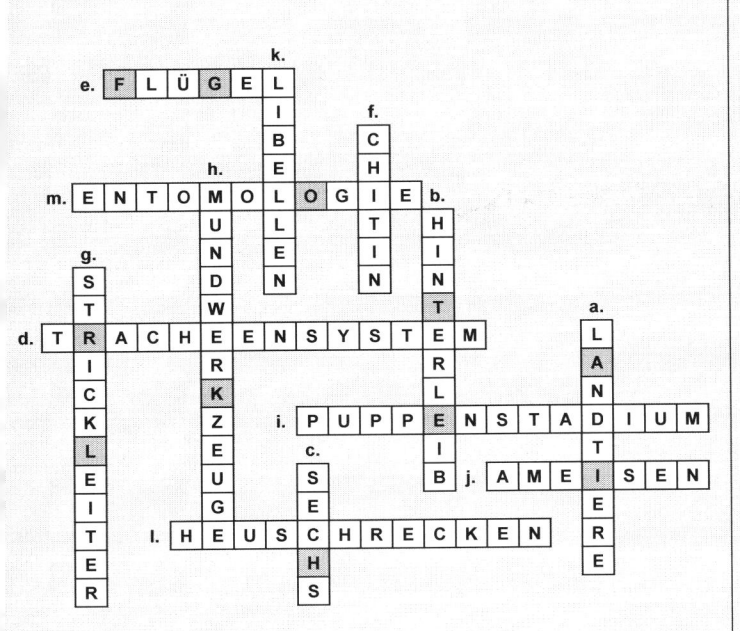

Lösungswort: GOLIATHKÄFER

XII Spinnen (1)

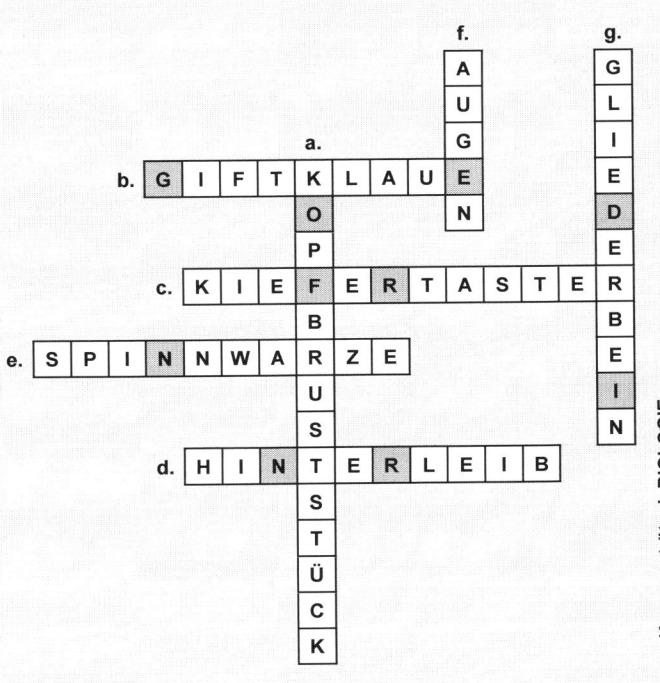

Lösungswort: DRONFINGER

Seite 43

Die Lösungen

XII Spinnen (2)

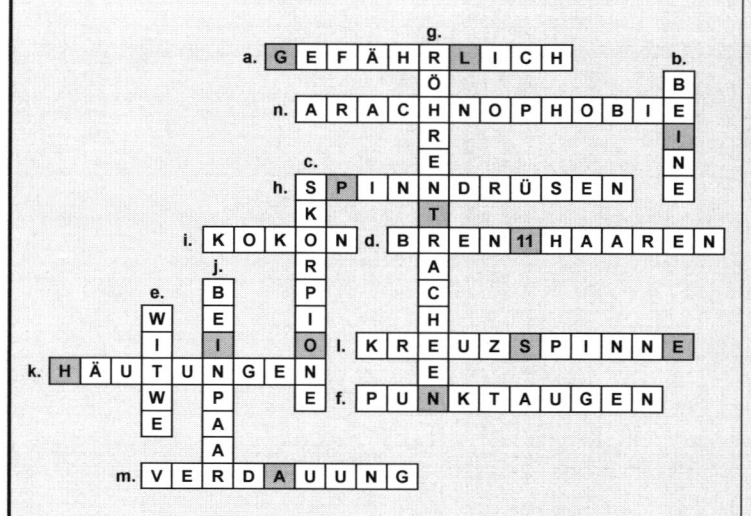

Lösungswort: GOLIATHSPINNE

XIII Weichtiere (1)

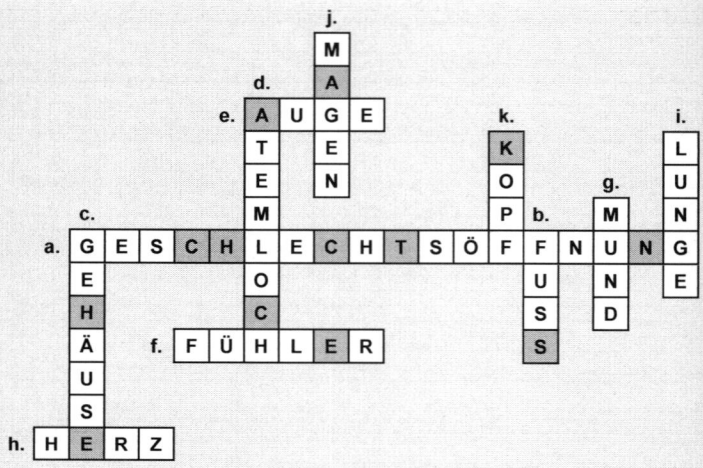

Lösungswort: ACHATSCHNECKE

XIII Weichtiere (2)

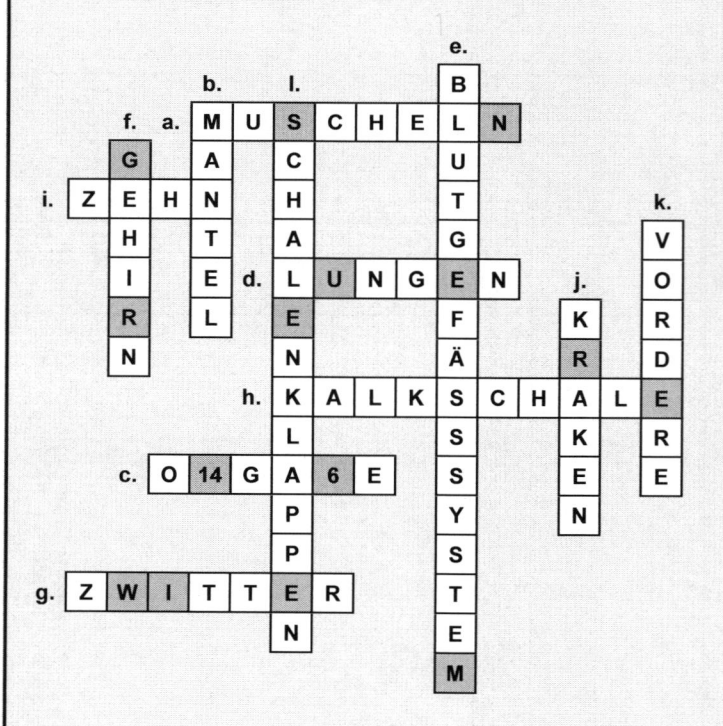

Lösungswort: RIESENREGENWURM

XIV Bau der Blütenpflanzen

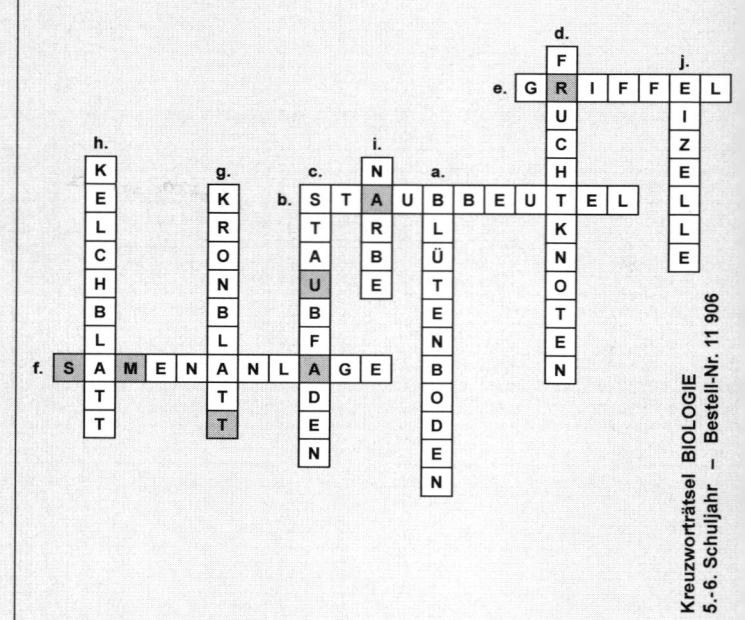

Lösungswort: SUMATRA

Seite 44

Die Lösungen

XIV Bau der Blütenpflanzen

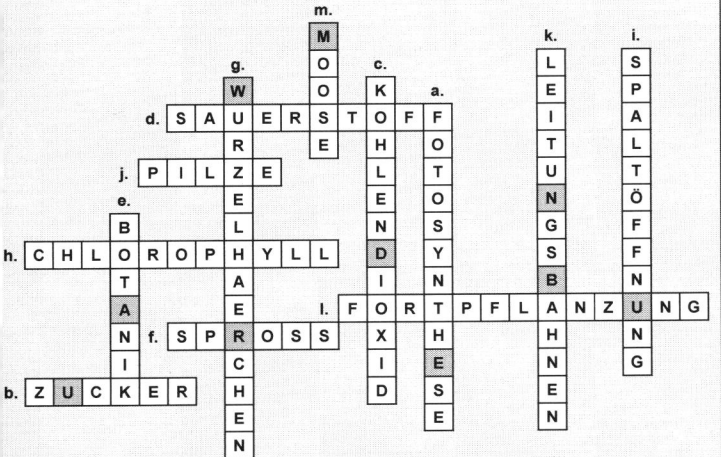

Lösungswort: WUNDERBAUM

XV Entwicklung bei Blütenpflanzen (1)

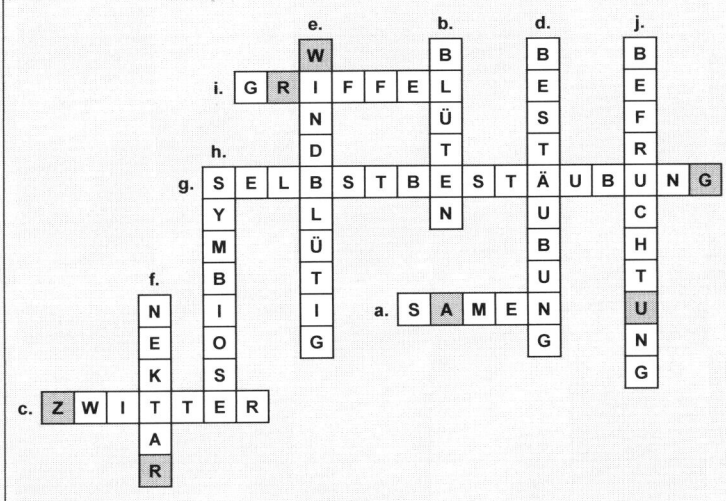

Lösungswort: RAGWURZ

XV Entwicklung bei Blütenpflanzen (2)

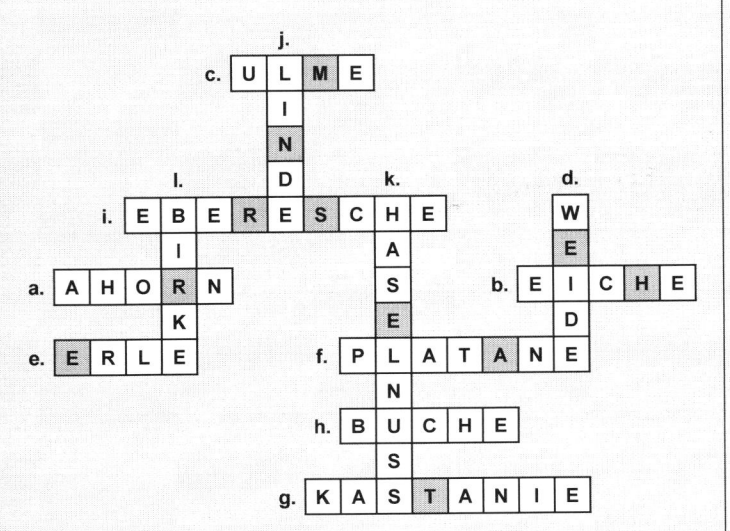

Lösungswort: SHERMAN TREE

XVI Moose, Farne, Algen und Flechten

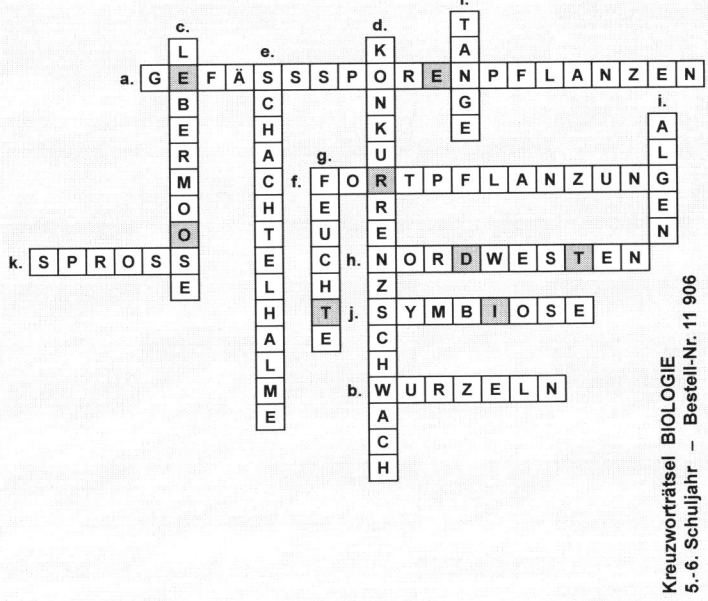

Lösungswort: ROTE TIDE

Seite 45

Die Lösungen

XVII Pilze

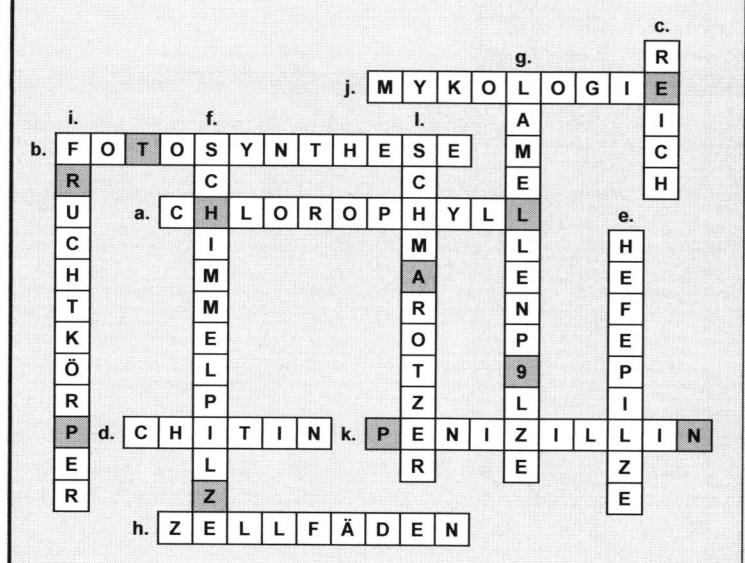

Lösungswort: PANTHERPILZ

XVIII Lebewesen im Jahreslauf

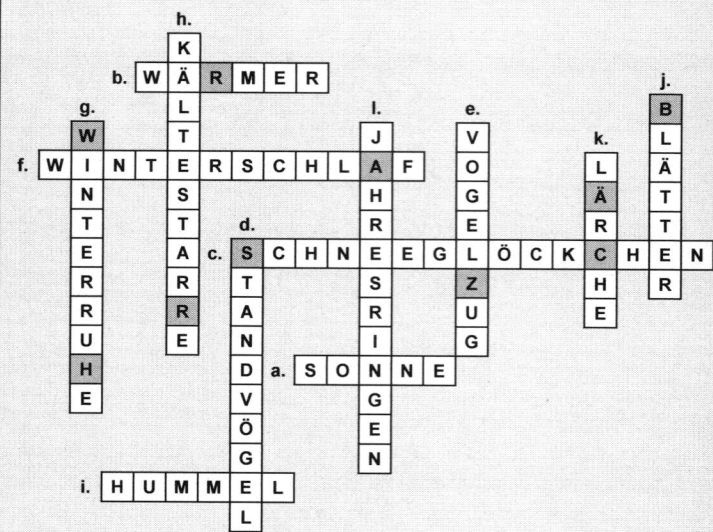

Lösungswort: SCHWARZBÄR

XIX Die Ordnung der Pflanzen

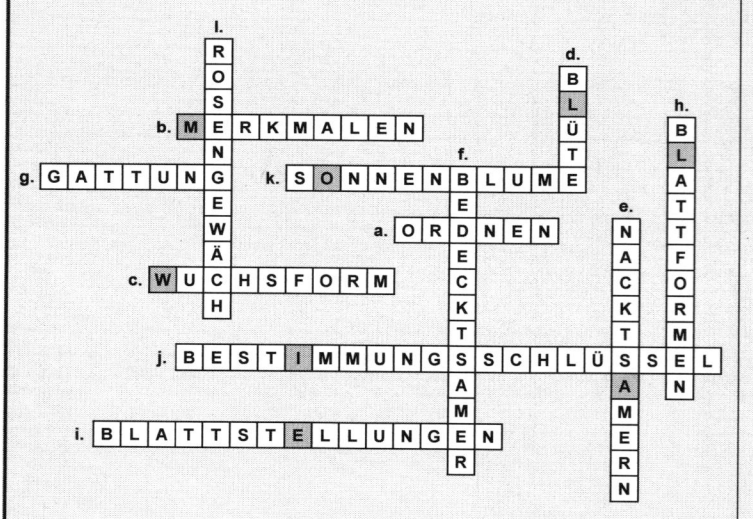

Lösungswort: WOLLEMIA

XX Die Bedeutung der Pflanzen für den Menschen

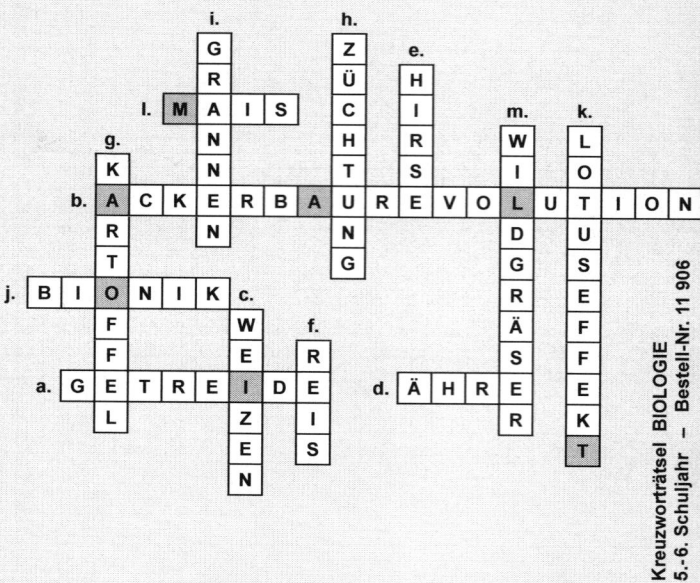

Lösungswort: LOMATIA

Die Lösungen

XXI Fortpflanzung und Entwicklung des Menschen (1)

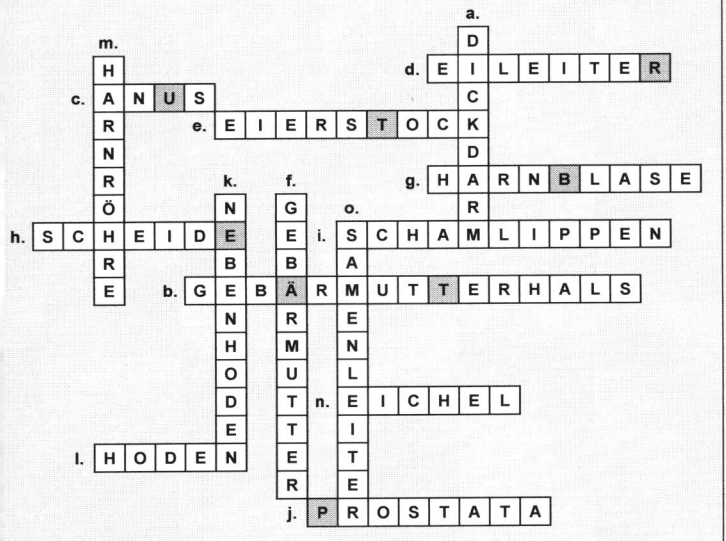

Lösungswort: PUBERTÄT

VIII Fortpflanzung und Entwicklung des Menschen (2)

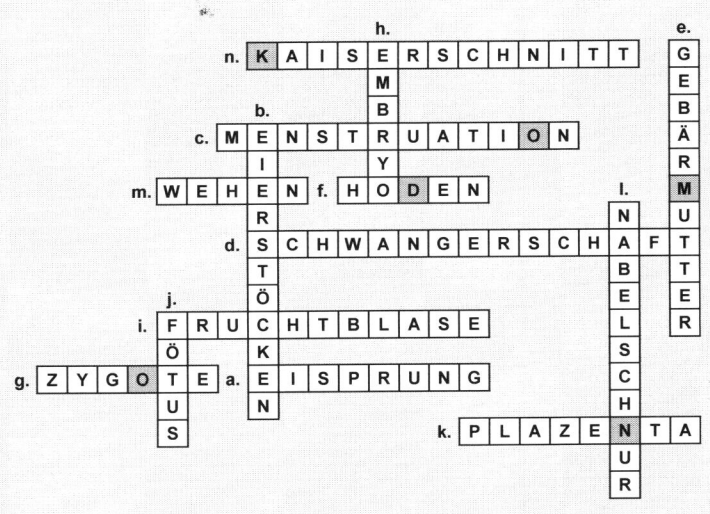

Lösungswort: KONDOM

Bildnachweis

Seite 5:	© suchatbky - fotolia.com (2x);
Seite 6:	© Pascal Martin - fotolia.com;
Seite 7:	© Michael Tieck - fotolia.com;
Seite 8:	© miraswonderland - fotolia.com, © JenkoAtaman - fotolia.com, © Africa Studio - fotolia.com (2x), © Erik Lam - fotolia.com (2x), © Nikolai Tsvetkov - fotolia.com, © jagodka - fotolia.com (2x), © DoraZett - fotolia.com (2x), © rima15 - fotolia.com, © Eric Isselée - fotolia.com, © tibanna79 - fotolia.com;
Seite 9:	© Ramona Heim - fotolia.com;
Seite 10:	© a_g_owen - fotolia.com;
Seite 11:	© lenisecalleja - fotolia.com;
Seite 12:	© Tamura - wikimedia.org;
Seite 13:	© aussieanouk - fotolia.com;
Seite 14:	© picattos - fotolia.com;
Seite 15:	© javarman - fotolia.com;
Seite 16:	© Juulijs - fotolia.com;
Seite 17:	© Steve Byland - fotolia.com;
Seite 18:	© Krane - fotolia.com;
Seite 19:	© wernerrieger - fotolia.com;
Seite 20:	© harisvithoulkas - fotolia.com;
Seite 21:	© J. Baecker - wikimedia.org;
Seite 22:	© Kazyrev Anton - fotolia.com, © clipart.com;
Seite 23:	© als - fotolia.com;
Seite 24:	© lurs - fotolia.com, © Kazyrev Anton - fotolia.com, © Rainer Fuhrmann - fotolia.com;
Seite 25:	© mgkuijpers - fotolia.com;
Seite 26:	© eveleen007 - fotolia.com, © Angela Schmidt - fotolia.com;
Seite 27:	© Naturschutzzentrum Südschwarzwald - wikimedia.org;
Seite 28:	© blueringmedia - fotolia.com, © markt1306 - fotolia.com;
Seite 29:	© E. Schittenhelm - fotolia.com;
Seite 30:	© emer - fotolia.com;
Seite 31:	© sunnychicka - fotolia.com, © demerzel21 - fotolia.com, © clipart.com;
Seite 32:	© Jacques Descloitres, MODIS Rapid Response Team, NASA/GSFC - wikimedia.org;
Seite 33:	© awfoto - fotolia.com;
Seite 34:	© Sebastian Pohl - fotolia.com;
Seite 35:	© lessandrozocc - fotolia.com;
Seite 36:	© John O´Neill - wikimedia.org;
Seite 37:	© Henrie - fotolia.com (2x), © yanlev - fotolia.com;
Seite 38:	© Photographee.eu - fotolia.com